宗教学关键词
（第一辑）

金 泽 主 编
袁朝晖 卓玲明 副主编

宗教经济学

彭睿 著

商务印书馆
创于1897 The Commercial Press

国家社会科学基金重大项目“宗教学理论的基本范畴研究”（22&ZD254）系列成果

宗教学关键词
总　序

宗教学研究在人文社科领域中属于跨学科的一个领域。来自不同学科的诸多学者在这一领域辛勤耕耘多年：宗教史领域的各个宗教史、教派史、地域宗教史、各国宗教史、通史、断代史、专题史的研究成果累累；宗教学理论则在其发展进程中形成了宗教社会学、宗教人类学、宗教心理学、宗教生态学、宗教与哲学、宗教与政治、宗教与艺术、宗教与科学等诸多分支学科，无论是国际还是国内的研究成果，都不断地推陈出新。相对于宗教史方面的研究成果和已经具有相当规模的现状调研和政策分析，对宗教学基本理论的建构性研究，无论是成果总量还是从业的专家学者数量都明显偏少。为此，在国家社科基金重大项目“宗教学理论建设的基本范畴研究”框架下，我们推出“宗教学关键词”研究系列，意在为进一步推动宗教学理论的发展提供平台，使中国的马克思主义宗教学理论研究形成具有中国特色的理论体系，同时吸引更多的学者（特别是中青年学者）关注和投身宗教学基本理论研究。

目前，国内外关于宗教的各类词典已有不少，或是全域性的或专门针对某个宗教，体量不等，大多词条少约百字多则千字计。如，1985 年伊利亚德主编了英文版《宗教大百科全书》，涵盖面很广，多数词条字数较少，虽有少数词条字数较多，但多是某一宗教或宗派的介绍。"宗教学关键词"研究系列并非一般的词典或百科全书式编纂，而是系统性的专题研究，无论是从体量上还是从性质上来说都属于学术研究与探讨。探讨的每个关键词都是宗教学理论的一个基本范畴。这种探讨的基础是相关学术史的发展历程和积累，同时也具有面向当代的问题意识。是对传统的"继往"，更是为学科的"开来"。

"宗教学关键词"研究系列体现三个特征：一是继承性、民族性；二是原创性、时代性；三是系统性、专业性。宗教学理论产生于西方，而我们的目标是形成以马克思主义宗教观为指导、立足于中国社会、体现中国各宗教历史发展和互动特色、系统化的宗教学理论，因此这个研究系列"既要立足本国实际，又要开门搞研究"：它的立场和方法是马克思主义的，它的情怀是中国的，它的眼界是世界的。

首先，马克思主义、马克思主义宗教观、马克思主义宗教学理论，三者虽有侧重点与关注面的不同，在人类认识自然与社会的整个知识体系中的位置和功能也不相同，却具有内在的贯通性。这种贯通性主要体现在马克思主义宗教学理论是以马克思主义作为它最根本的立场、观点和方法。无论面对大千世界的何种宗教现象，无论面对古往今来的何种关于宗教的理论学说，马克思主义宗教学理论都运用马克思主义的基本立场、观点和方法加以分析、定位和扬弃。而马克思主义的基本立场、观点和方法，最主要的就是历史唯物主义和辩证唯物主义。马克思主义宗教观主要是马克思、恩格斯、列宁等人在运用历史唯物主义和辩证唯物主义分析、阐释宗教现象、宗教形态、宗教学说和宗教运动的过程中，提出的一些基本论断和观点。今天，当我们面对千姿百态、复杂纷纭的宗教现象与学说时，特别是遇到与马克思、恩格斯、列宁他们得出那些具体论断所依据的生活时空不同的时空场景时，我们要像马克思他们那样，运用历史唯物主义和辩证唯物主义对当下的宗教问题做出与时俱进的分析和判断。

其次，作为生活在中国这块土地上的21世纪的中国人来构建马克思主义宗教学理论，我们与马克思、恩格斯、列宁他们生活的时代不同、国度不同，面对的问题也有差异，我们有中国的文化传统和背景，我们经历了与西欧和俄国不一样的现代化进程，我们国家处理国内国际问题的历史经历和经验也与当代的其他国家有所不同，所以我们是带着中国情怀建构中国马克思主义宗教学理论体系的。所谓中国情怀，我理解至少有三重含义。第一，中国情怀基于我们有着悠久的人文主义传统。这个人文主义传统内容非常丰富，在中国复杂的宗教信仰丛林中，有一条主线贯穿其中，这就是和宗法制度紧密结合的“祖先崇拜”“天命崇拜”和“圣贤崇拜”，这条主线影响了世世代代中国人生活的方方面面，更使中国人的宗教意识独具一格。第二，中国情怀在于中国有着特殊的有关宗教的历史经验。在中国历史上，尽管各种宗教层出不穷，儒家学说宗教化倾向日趋明显，有的地区也确实出现过程度不同、时间长短不一的政教合一政权，但从全国政权的性质观察，始终是世俗的王权居统治地位。宗教不仅根本就没有实现过大一统，而且大多数处于“助王政之禁律，益仁智之善性”的辅佐地位。中国宗教的演进，绝大多数是以和平方式进行的，未经突变的革命，更没有对旧宗教的彻底荡涤；各宗教互相渗透，在分化中有融合，在演进中有积淀。第三，中国情怀还源于近现代中国社会的巨变，中国人争取民族独立和社会民主的奋斗历程，世界战争、政治、经济、宗教的格局演变及其对中国诸宗教的影响，特别是中国共产党建党百年来处理宗教问题的实践经验，使近现代中国人不仅有历史传统的影响积淀，而且在大起大落的风云变幻中对宗教的社会历史作用有了切身的体验和感受。

最后，人类对自然和社会的认知是个不断探索、大浪淘沙的过程，而认知的获得一是来自人类追求真理过程中的实践和实验，二是来自与前人和同时代人认知成果的对话。它们包括马克思主义基本原理、马克思主义中国化的成果及其文化形态、中华优秀传统文化，以及世界上所有国家哲学社会科学研究取得的积极成果。正如毛泽东所说，“我们的态度是批判地接受我们自己的历史遗产和外国的思想。我们既反对盲目接受任何思想也反对盲目抵制任何思想。我们中国人必须用我们自己的头脑进行思考，并决定什么东西能在我们自己的土壤里生长起来”。与各种实践实验成果和认知成果的互动，既是吸纳，也是扬弃，既有批判，也有创新。只有在此基础上，才能实现在建构中国马克思主义宗教学理论体系中树立学术的主体性的目标。

中国马克思主义宗教学理论体系的建设任重道远，只要我们秉持的立场方法是马克思主义的，情怀是中国的，眼界是世界的，就能行稳致远。

“宗教学关键词”研究系列意在突出以下特点：一是在充分吸收、体现和反思国际宗教学界的相关研究成果的基础上，做出对各个范畴的系统性梳理与研究，同时也体现出国内学界对这些范畴的研究状况等。二是凸显问题意识，对已有的相关成果，不论是中国的还是外国的，都要带有批判的眼光，在发现问题、提出问题和解决问题的过程中推进理论的发展或提升。三是注意吸收中国经验，将中国历史文献与当前田野调研中的宗教现象、现状同现有的宗教学理论相对照，探寻新的理论生长点。四是引介一些范畴的新研究成果，虽然它们可能会略显不成熟或令人一时不好接受，但为我们提供了可以借鉴和带来启发的认识工具和分析工具。

为此，每个范畴的成果体量平均为七万字，包含的内容主要有：（1）这个范畴的起源、发展的学术历程；（2）这个范畴的基本内容；（3）与这个范畴相关的代表人物、学派及其主要观点；（4）这个范畴与相关学科或分支的基本关系和作用等；（5）这个范畴在中国的研究脉络;（6）这个范畴的进一步开拓点;（7）与此范畴相关的重要的中外参考文献。

“宗教学关键词”研究系列的出版，要感谢商务印书馆的大力支持。研究系列计划以“辑”为出版单位，每辑涵盖七个基本范畴，成熟一辑出版一辑。这一系列研究将出自众学者之手，既是大家对这一研究发展方向的认可，也是每位参与人为宗教学研究添砖加瓦的成果。若真能达到预想的学术建设和积累目标，不仅中国宗教学理论将自身具有一个更加坚实的理论基础和平台，而且对于培养学术新兵，对于在社会上普及宗教学常识，对于宗教学理论创新，也都会大有助益。

目 录

导　言
关于宗教经济学

宗教经济学（economics of religion）是采用经济学方法来研究宗教的一门新兴学科。[①]早在1776年，经济学创始人亚当·斯密在《国民财富的性质与原因的研究》中就已经采用经济学视角来分析神职人员和教会的行为。[②]但此后，对宗教的经济学分析却中断了两个世纪之久，直到20世纪70年代，人们才重新开始采用经济学方法来研究宗教。由此，作为宗教学和经济学的交叉学科的宗教经济学，方告诞生。

从宗教学角度来说，哲学、神学、历史学、人类

---

① Stark, R., 2006, "Economics of Religion", in Segal, Robert A. (ed.), *The Blackwell Companion to the Study of Religion*, Malden: Blackwell Publishing Ltd., pp.47–68; Mcbride, M., 2023, *An Economic Approach to Religion,* Singapore: World Scientific Publishing Co.

② 〔英〕亚当·斯密：《国民财富的性质与原因的研究》，郭大力、王亚南译，商务印书馆2011年版，第356—382页。

学和社会学等领域对宗教和宗教信仰的研究要更早，著述颇丰，但作为后起之秀的宗教经济学，正日益成为宗教研究的重要力量。从经济学角度来说，宗教经济学是一个较新的二级学科，它在1999年年底才正式列入美国经济学会（AEA）《经济文献杂志》分类系统（JEL分类系统），分类号为Z12，属于“Z1-文化经济学”（cultural economics），再上则属于“Z-其他特殊科目”（other special topics）。[①]按2023年JEL分类系统的说明：涵盖与宗教相关的经济学问题的研究，包括宗教信仰对经济行为的影响、宗教机构的财务管理以及基于信仰的社会事业的经济影响等。但是，与宗教有关的、质疑经济学基本前提的社会价值研究，则不归入宗教经济学（Z12），而是归入A13，即“经济学与社会价值的关系”。[②]

另外，自20世纪下半叶以来，一些宗教社会学家

① American Economic Association,1999, “Classification: System for Towomal Articles”, *Journal of Economic Literature*,1999 (4): 1937–1948.

② 按照JEL分类系统的说明，“A13-经济学与社会价值的关系”（relation of economics to social values），属于“A1-一般经济学”（general economics），再上属于“A-一般经济学与教学”（general economics and teaching）。A13涵盖有关经济学与社会价值观交叉问题的研究，包括涉及伦理道德的一般性问题，研究必须与经济有关。对教会财务的经济分析或对宗教对劳动力市场结果影响的研究不应归入此分类。关键词有：利己主义、伦理、伦理学、道德经济学、德行、道德、社会经济学、社会价值观、社会文化等。

亦开始把宗教视为一种经济性事务或理性选择，开始采用经济学方法来研究宗教（或宗教社会学），因此宗教经济学也经常被归在宗教社会学之中。比如，“宗教的经济学”（religious economics）[①]，“宗教理性选择理论”（rational choice theory of religion），“宗教经济论”（religious economy），“宗教市场论”（或“宗教市场理论”，religious market theory）等。这里需指出，把economics of religion翻译为“宗教经济学”，按中文字面意思，它很容易被理解为是关于“宗教与经济之关系”或“宗教机构的财务或经济经营”的研究。

按照采用的研究方法的不同，宗教经济学可分为基于新古典经济学的宗教经济学和基于现代经济学的宗教经济学。

新古典经济学的一个中心概念是需求法则，它关心的是一种商品的最优消费数量同其价格之间的关系。[②]

---

① religious economics直译为“宗教的经济学”，国内学者也将其翻译为“经济宗教学”，以表明它侧重于宗教方面。参见〔英〕Sriya Lyer：《宗教经济学新论》，张清津译，《经济动态与评论》2017年第1期；伊纳库恩：《宗教经济学导论》，张清津译，《制度经济学研究（第11辑）》，经济科学出版社2006年版。

② 杨小凯：《经济学——新兴古典与新古典框架》，社会科学文献出版社2003年版，第58页。

当需求价格和供给价格一致时，就形成了商品的均衡价格。此时，边际效用、均衡价格和边际成本三者相等，消费者和生产者均实现最优。进而，当所有市场（包括产品市场、劳动力市场和资本市场）同时达到均衡的状态时，就是一般均衡或总体均衡（general equilibrium）。

自20世纪下半叶开始发展起来的现代经济学不再拘泥于新古典经济学的"供给-需求"均衡框架。比如，博弈论是研究决策主体的行为发生直接相互作用时的决策，它把传统经济学的"供给-需求"的均衡换成了"博弈"的均衡。现代经济学包括博弈论、演化悖论、交易费用理论、信息经济学、新制度经济学等等。

而合作的问题会关联到道德伦理和意识形态及形而上问题，后者涉及宗教的起源与发展，也日益受到现代经济的重视。

布莱恩·阿瑟（Brian Arthur）总结了新旧经济学的差异（表1）。[①]但需指出的是，古典经济学和现代经济学并非完全对立，它们也有许多融合应用。

---

① 表1引自Waldrop, M. Mitchell, 1992, *Complexity: The Emerging Science and the Edge of Order and Chaos*. New York: Simon & Schuster, pp.37–38.

旧经济学	新经济学
• 报酬率递减	• 报酬率递增起很大作用
• 建立在19世纪物理学理论之上（均衡、稳定、决定性的动力）	• 建立在生物学理论之上（结构、特型、自组织、生命周期）
• 人们完全一致（同质）	• 强调个体生命：人们是分散和不同的
• 在不存在外部性以及所有人的能力也都相同的情况下，我们就能到达终极理想状态	• 外部性和差异性成为驱动力量。不存在终极理想状态。经济系统永远在延伸
• 经济的成分由数量和价格组成	• 经济的成分是各种模式与可能性
• 从一切事物都处于均衡这个意义上说，经济中不存在真正的动力	• 经济永远处在时间的边缘，它不断向前发展，经济结构时常在组合、退化和发展
• 把研究对象看成是结构简单的事物	• 把研究对象看成是天生复杂的事物
• 经济学就像柔性物理学	• 经济学是极其复杂的科学

表1　布莱恩·阿瑟对新旧经济学的比较

到目前，宗教经济学的研究成果已蔚为大观，它们分属在诸多不同学科领域。本书无力对宗教经济学文献进行全面回顾，只能依据经济学方法的逻辑结构，简要梳理和介绍一些理论及发展脉络。本书内容安排如下：第一章，从新古典经济学（或新古典综合经济学）的“供给-需求”框架出发，介绍需求端、供给端和供给-需求三类的宗教经济学模型，以及相关的争论与质疑。第二章，从现代经济学方法的“合作”概念出发，介绍一些与合作相关的宗教经济学的研究成果。第三章，介绍宗教经济学引介到中国后的一些应用、讨论以及新探索。

第一章
基于新古典经济学的宗教经济学

在经济学界，经济学家们把经济学分析（个人理性）引入宗教研究，很大程度是受到经济学家贝克尔的启发。贝克尔率先突破了经济学的传统边界，运用经济学分析方法研究人口、家庭、婚姻、歧视、犯罪等非市场的社会问题的延续。[①]研究宗教的经济观点，一般也被称为“宗教理性选择理论”“宗教经济学”或“宗教市场理论”。

艾纳孔是最早把自己的研究称为宗教经济学的学者，其将宗教经济学定位在经济学；宗教社会学家出身的斯达克等人，最初采用交换理论（即人与超自然之间的交换关系）来研究宗教，而后采用了理性选择

---

① Becker, Gary S., 1971, *The Economics of Discrimination*, Chicago: The University of Chicago Press; Becker, Gary S., 1976, *The Economic Approach to Human Behavior*, Chicago: The University of Chicago Press.

理论，这与经济学的研究进路可谓殊途同归①。但以斯达克为代表的这派学者，更强调供给端的研究，且将研究延伸到中观层面和宏观层面，因此他们的研究也被称为宗教市场论。细究起来，“宗教经济学”的说法更显广义些，“理性选择理论”更偏重于需求端和微观层面研究，“宗教市场论”则偏重供给端和中观、宏观层面研究。可见，宗教经济学已具有了新古典综合学派（即综合了微观和宏观经济学）的气象。

贝克尔指出，经济学分析的三大前提是：最大化行为、市场均衡和偏好稳定。②艾纳孔作为贝克尔的学生，对三个假设做了进一步阐释：③个人采取合理的行动，权衡潜在行动的成本和收益，然后选择那些能够最大化其净收益的行动；个人用来评估成本和收益的最终偏好（或需求）一般不会因人或时间的不同而变化；社会结果形成均衡，该均衡来源于个体行动的累积和相互作用。

1995年，艾纳孔曾总结说，宗教经济学在三个层面得到了发展：（1）在微观的个人和家庭层面，宗教

① Stark, R., 2006, “Economics of Religion”.

② Becker, Gary S., 1976, *The Economic Approach to Human Behavior*, p. 5.

③ Iannaccone, Laurence R., 1997, “Rational Choice: Framework for the Scientific Study of Religion”.

参与的“人力资本”（human capital）模型解释了所观察到的教派流动、跨宗教婚姻、皈依年龄、教会出席率与奉献之间的关系，以及教养和跨信仰婚姻对宗教参与水平的影响。（2）在中观的教会、教派和其他团体层面，新的教会和教派模型解释了严格教会的力量和教派变化的动力。（3）在宏观的社区和社会层面，宗教市场模型和宗教管制模型对世俗化理论的预测提出了挑战，与此同时，它们也肯定了宗教在多元化环境中的生命力。①

运用“供给–需求”模型来研究宗教，也就是把各种形式的宗教内容视为宗教产品，宗教产品的需求方是各类信徒，他们是产品的消费者，宗教产品的供给方是各种宗教组织，他们是产品的生产者，整个宗教市场由各类宗教产品的需求方和供给方共同形成。但需说明的是，即便把宗教当成一种产品，它仍然是一种非常特殊的产品（类似于家庭产品），它的需求和供给在很多情况下并非是割裂的，很难如一般产品那样把供给和需求截然二分。所以，许多模型会同时涉及

① Iannaccone, Laurence R., 1995a, “Voodoo Economics? Reviewing the Rational Choice Approach to Religion”, *Journal for the Scientific Study of Religion*, 34(1): 76–89.

需求端和供给端，毕竟宗教实践（religion practice）是由供方和需方同时完成的。

总的来说，宗教经济学的理论模型，大多着眼于消费者的宗教偏好的需求端研究和宗教组织结构的供给端研究，也有一些模型把供给端和需求端综合在一起来研究。下面将从三个方面分别介绍相关理论模型。

第一节 需求端模型

需求端模型（demand-side model）是从需求端入手来研究宗教，它暗含的一个假设是，宗教供给是无限的，或是自动产生的。需求端分析的主要研究进路是，把宗教当成自变量来观察宗教对婚姻、社会地位、雇佣、歧视等社会行为的影响，从而获得人们对宗教需求的真实原因；或者，通过引入不同的变量来构建不同的宗教效用函数，从而解释消费者的宗教行为——如宗教参与度、宗教选择、改宗或改教等。从学术发展脉络来看，需求端的宗教经济学主要是由经济学家们提出来的。

比较有代表性的有：宗教家庭生产模型、宗教人力资本模型、宗教俱乐部模型、宗教保障模型。

一、宗教家庭生产模型

阿兹和埃伦贝格的1975年论文，是首次对宗教热忱（religiosity）、宗教委身和参与教会活动的决定性因素进行的经济分析。[①]该论文建立的宗教家庭生产模型（Religious Household Production Model），又称A–E模型，是贝克尔家庭经济学的发展和延伸。与商业公司不同，家庭产品的生产不是为了出售，而是为了自己消费，所以家庭产品的生产量和消费量是相等的。

消费者生产（或者消费）宗教产品是一个复杂的过程，而且很大程度上无法直接观察，所以A–E模型采用消费者生产要素投入来描述宗教产品的生产（或者消费）数量。这些投入包括：为宗教活动购买的商品、祭品、对教会的奉献金、时间和劳动等。

该模型认为，家庭的总效用由所有各期的现世效用和来世效用构成。现世效用取决于世俗产品的生产（或者消费）数量，来世效用主要取决于宗教产品的生产（或者消费）数量。对这两者的投入都是时间和金钱，因此，个体在实现自己效用最大化的过程中，需要在世俗的和宗教的产品生产（或者消费）之间找到

---

① Azzi, Corry and Ronald G. Ehrenberg, 1975, "Household Allocation of Time and Church Attendance", *Journal of Political Economy*, 83(1): 27–56.

均衡。于是，在消费者最大化总效用下求解，可以得出若干结论：首先，由于时间和收入的相互替代效用，单位工资与宗教参与时间呈现负相关，所以人们会发现，收入较低的一方（通常是女性）会在宗教上投入更多的时间。其次，年龄和宗教参与度正相关，随着年龄的增大，来世效用提升，所以在工资率没有大幅升高的前提下，年龄越大宗教参与度越高。模型的推导过程如下。

对于一个仅由丈夫和妻子组成的家庭而言，该家庭的效用函数可表达为：

$$U = U(C_1, C_2, \ldots, Ct, \ldots, C_n, q)$$

其中，U表示家庭各期总效用，是世俗产品数量和宗教产品数量的函数；C_t表示在t期的家庭消费；q表示来世消费。

$$C_t = C(x_t, h_{1t}, h_{2t})$$

t期的家庭消费C_t，是家庭在t期购买的商品组合x_t、丈夫在t期投入消费商品的时间h_{1t}和妻子在t期投入消费商品的时间h_{2t}的函数。

$$q = q(r_{11}, r_{12}, \ldots r_{1n}, r_{21}, \ldots r_{2n})$$

来世消费水平q，是丈夫在第1期到第n期在宗教投入的时间r_{11}, r_{12}, …，r_{1n}，以及妻子在第1期到第n期在宗教投入的时间r_{21}, r_{22}, …，r_{2n}的函数。为简单起见，假设家庭成员知道各自的寿命，而且同时在n期结束时死亡。

收入约束条件是：

$$\sum_{t=1}^{n}[px_t/(1+i)^{t-1}]=\sum_{t=1}^{n}[v+w_{1t}l_{1t}+w_{2t}l_{2t}/(1+i)^{t-1}]$$

这个约束条件表示，家庭存续期间的消费金额总量受制于收入总量。其中，p代表商品购买价格，w_{1t}表示丈夫在t期的工资，w_{2t}表示妻子在t期的工资，l_{1t}表示丈夫在t期投入工作的时间，l_{2t}表示妻子在t期投入工作的时间，v代表工资之外的收入，i代表贴现率，每一期都贴现到现在计算收入，这样的好处是各期的消费和收入可以互相借用。

时间约束条件是：

$$h_{jt}+r_{jt}+l_{jt}=T$$

这个约束条件表示，无论是丈夫还是妻子，商品消费投入的时间、宗教投入的时间和工作投入的时间之和不能超过总的时间T。j可以取1或2，表示丈夫或妻子。

这样问题就转换为，在约束条件下求效用最大化的问题，即代入约束条件，用拉格朗日函数求极值。在效用最大化情况下，拉格朗日函数所涉及的各个变量的一阶导数值为0，也即边际作用为0。

$$L = U[C(x_1, h_{11}, h_{21}), C(x_2, h_{12}, h_{22}), \dots, C(x_n, h_{1n}, h_{2n}), q(r_{11}, \dots, r_{1n}, r_{21}, \dots, r_{2n})] + \lambda(\sum_{t=1}^{n} [px_t/(1+i)^{t-1}] - \sum_{t=1}^{n} \{[v + \sum_{t=1}^{2} w_{jt}(T - h_{jt} - r_{jt})]/(1+i)^{t-1}\})$$

要达成效用最大化，需要满足以下条件：

（1）$(\partial q/\partial r_{1t})/(\partial q/\partial r_{2t}) = w_{1t}/w_{2t}$

丈夫和妻子的宗教投入时间对宗教产品数量之比，等于他们的工资之比。在宗教边际生产率一致的前提下，如果他们的工资相等，则意味着他们在宗教投入的时间是一致的。但是，如果丈夫的工资率高于妻子，则意味着妻子需在宗教投入更多的时间。这就为女性更频繁地参与教会活动提供了一种解释，可能只是因为她们的工资率比较低。

（2）$(\partial q/\partial r_{jt})/(\partial q/\partial r_{jt-1}) = (w_{jt}/w_{jt-1})(1+i)^{-1}$

不管是丈夫还是妻子，他们各自在t期与前1期的宗教投入时间与宗教产品数量之比，等于贴现后的两期工资之比。在两人每期的边际生产率不变的前提下，如果在所有期两人的工资率不变，则随着年龄的增加，宗教的投入时间会增加。如果后1期的工资超过前期的工资，增长的速度越快，则随着年龄增长，宗教投入时间的增加比例会越小。随着年龄增长，男性工资率的增长通常快于女性，这就意味着随着年龄增长，女性宗教投入时间的增长率要高于男性。

（3）$\partial r_j/\partial v>0$

工资外的收入和宗教投入时间的影响是正向的，工资外收入越高，宗教投入时间越多。

（4）$\partial r_j/\partial w_j=(\partial r_j/\partial w_j)^*+l_j\partial r_j/\partial v$

工资对宗教投入时间的影响可以分解为替代效应和收入效应。替代效应是负向的，收入效应是正向的。工资的增加会引起宗教投入时间的降低，而非工资收入的增加会带来宗教投入时间的增加。

阿兹和埃伦贝格用该模型分析了1973年美国1500个成年人的教会参与次数，以及美国各州在1952年、1936年以及1926年的教会人数在人口的比例，在工资、性别、年龄等因素上，均符合A-Z模型的预期。另外，埃伦贝格的研究也显示：在年龄-宗教参与时间的图形中，随着年龄增长，女人宗教参与时间的曲线比男人的要陡峭；男人年龄-宗教参与时间曲线是U形。①纽曼用犹太男性劳动者的数据进行分析，结论也支持了A-Z模型。②

---

① Ehrenberg, Ronald G., 1977, "Household Allocation of Time and Religiosity: Replication and Extension", *Journal of Political Economy*, 85(2):415–423.

② Neuman, S., 1986, "Religious Observance within a Human Capital Framework: Theory and Application", *Applied Economics*, 18(11): 1193–1202.

当然，并不是所有的数据都支持A-Z模型。乌尔布里希和华莱士没有发现对来世的预期可以导致宗教参与随着年龄增加而递增，同时也没有发现女性更高的宗教参与性可以用较低的工资来解释。①

总的来说，数据都支持了当工资提高时，宗教投入会更多地倾向资金投入，教会的奉献率相比活动出席率得到提升。时间的机会成本真实地影响宗教行为：在人的整个生命周期中，壮年时宗教投入最为资金密集；对较低工资家庭，宗教的时间投入相比资金投入为高；成员的收入和教育水平均处于较高水平的教会，会较多地依赖专业宗教人士的付出，较少参加聚会，聚会时间也更短，礼仪消耗时间较少。②

在A-Z模型的基础上，苏利文进行了扩展。首先，宗教消费成为个人决定而不再是家庭决定；其次，引入了宗教消费的税收抵扣效应；最后，消费并不是区分为现世消费和来世消费，而是区分为世俗商品消费C和宗教服务消费S，这些世俗商品或宗教服务都是个人

---

① Ulbrich, H. and Wallace Myles, 1983, "Church Attendance, Age, and Belief in the Afterlife: Some Additional Evidence", *Atlantic Economic Journal*, 11(2):44–51; Ulbrich, H. and Wallace Myles, 1984, "Women's Work Force Status and Church Attendance", *Journal for the Scientific Study of Religion*, 23(4):341–350.

② Iannaccone, Laurence R., 1998, "Introduction to the Economics of Religion", *Journal of Economics Literature*, 46: 1465–1496.

用时间和市场上买到的商品来生产的。在个人收入约束和时间约束下，个人最大化自己的效用函数，[①]

$$U[C_1(x_1,h_1),C_2(x_2,h_2),\cdots,C_T(x_T,h_T);S_1(y_1,r_1),S_2(y_2,r_2),\cdots,S_T(y_T,r_T)]$$

收入约束和时间约束为：

$$\sum_{t=1}^{n}\{[x_t+(1-m_t)y_t)]/(1+i)^{t-1}]\}=\sum_{t=1}^{T}\{w_t[T-h_t-r_t]/(1+i)^{t-1}]\}$$

通过一阶求导，得出：

$$\frac{(\partial U/\partial S_t)/(\partial S_t/\partial r_t)}{(\partial U/\partial S_{t-1})/(\partial S_{t-1}/\partial r_{t-1})}=\frac{w_t}{w_{t-1}(1+i)}$$

$$\frac{(\partial U/\partial S_t)/(\partial S_t/\partial y_t)}{(\partial U/\partial S_{t-1})/(\partial S_{t-1}/\partial y_{t-1})}=\frac{1-m_t}{(1-m_{t-1})(1+i)}$$

从第一个求导结果可以得出：如果年工资增长率超过贴现率，人们会花更多的时间工作，无论是世俗生产时间还是宗教生产时间都会减少；在工资的增加逐年递减的情况下，年龄越大，参与宗教的时间会增加，特别是伴随死亡率增加，宗教服务的边际效用（$\partial U/\partial S_t$）也在增加；另外，宗教时间的产出率也因为经验等因素（$\partial S_t/\partial r_t$）在增长，所以该等式左边的分子大于分母，要达到最优，需要增加宗教投入时间 r_t。

① Sullivan, Dennis H., 1985, "Simultaneous Determination of Church Contribution and Church Attendance", *Economic Inquiry*, 23(2): 309–320.

从第二个求导结果可以得出，由于税收抵扣效应m_t在收入的黄金岁月增加，增长率（$1-m_t$）逐年递减，在整个工作阶段，随着年龄的增加，宗教投入商品亦会增加。特别是，宗教服务的边际效用$\partial U/\partial S_t$增加以及宗教投入商品的产出率$\partial S_t/\partial y_t$增加，都会带来宗教生产所需商品投入的增加。这也解释了，人们为什么在退休的时候奉献金可能并不会减少。

从上面可以看出，A-Z模型是非常灵活的，模型修改起来比较方便，改变假设条件和因素设定就会带来不同的理论预测。比如，把时间和金钱假设为替代关系还是互补关系（互补关系在宗教产品上是完全有可能的，越活跃的宗教成员往往捐赠自己更多的收入给教会），将会得出不同的结论。又如，个人效用的影响因素不同，也会带来结论的变化。也就是说，研究者们可以通过不断改变因素以及因素间的关系，在约束条件下求解个人效用最大化。

二、宗教人力资本模型

宗教人力资本模型（Religious Human Capital Model）由艾纳孔提出，它同样是贝克尔的家庭经济学在宗教实践中的运用，但与A-Z模型相比，它强调家庭经济学中的人力资本概念。该模型是在苏利文模型的基础上，在个人效用函数中增加了宗教人力资本因素。[①]

该模型认为，一个人生产（或消费）宗教产品的能力，既来自时间和物质投入，也来自对宗教知识的熟悉程度以及与教会同伴的友谊，后面的因素构成了“宗教人力资本”。宗教人力资本提升了宗教产品生产（或消费）的效率，进而宗教人力资本高的个体就可以生产（或消费）更多的宗教产品。

在该模型中，个人的t期效用函数由宗教产品的消费$S(t)$和非宗教产品的消费$C(t)$决定，但是宗教生产函数从苏利文模型的$S_t(y_t,r_t)$变成$S_t(y_t,r_t,R_t)$。R_t代表宗教人力资本存量。

宗教人力资本存量是由过去宗教产品消费的总量决定的。首先，它是父母投资的结果，比如，父母经常参与宗教体验能让孩子们熟悉特定的礼仪、传统、神学观点和行为规范。其次，在宗教技能和经验上的投资也是重要的，因为它是决定生产和享受宗教产品能力的一个重要因素，宗教知识储备越多，越能深刻理解礼仪和信条，对赞美诗、祷告和音乐就越熟悉，更重

① Iannaccone, Laurence R., 1990, “Religious Practice: A Human Capital Approach”, *Journal for the Scientific Study of Religion*, 29(3): 297–314.

要的是，就能从持续的宗教参与中获得越大的收益。[①]

该模型和苏利文模型的主要区别在于如何计算宗教生产时间投入的边际生产力，由$MP_r=\partial s/\partial r_t$变成$MP_r=\partial s/\partial r_t+\partial s/\partial R_t$。其中，$\partial s/\partial R_t>0$是非常合理的假设，这意味着以前的宗教参与将会提高今天宗教时间的边际生产力，更高的宗教时间边际生产力将会提升宗教时间投入带来的个人边际效用。

$$\frac{\partial U}{\partial r_t}=\frac{\partial U}{\partial S_t}(\frac{\partial S_t}{\partial r_t}+\frac{\partial S_t}{\partial R_t})$$

A-Z模型和苏利文模型都预测，收入的增加会带来更少的宗教投入时间和更多的工作时间；但是，在引入宗教人力资本因素后，这个结论不一定成立。因为，以前的宗教参与构成了宗教资本，宗教投入带来的边际效用会增加，并可能足够大到可以抵消工资率增加的效用。

宗教人力资本模型的相关预测有：

1.宗教流动。该模型认为，孩子成年后会很自然地选择他们父母的信仰和教会，因为宗教训练和其他普通教育职业教育不同，是从父母以及他们支持的宗

① Iannaccone, Laurence R., 1995b, "Household Production, Human Capital and the Economics of Religion", in *The New Economics of Human Behavior*, Cambridge: Cambridge University Press, pp.172–187.

教组织里直接获得的，孩子的宗教人力资本绝大部分是由他父母偏好的宗教环境决定的。宗教群体越相似，在他们之间改教的可能性就越大，而宗教群体越独特，无论是转进还是转出，可能性都越低。

2.转教年龄。该模型预测转教倾向于在早期发生，在人们不断搜寻他们的宗教技能和宗教产品生产的最佳匹配的过程中发生。因为随着个人积累的某个特定的宗教资本不断增加，转教的成本会增加，所以年长的人转教将非常罕见。

3.宗教通婚。该模型认为人们倾向于选择和自己同一宗教的配偶，以实现宗教资本的最大效用。同一宗教具有规模效用：去教堂可以共用一部车，没有不同宗教间如何分配时间和金钱的问题，也无须争吵孩子在哪个教会养育。贝克尔等人的研究和施耐德的研究都强调了这些成本的影响，而且他们发现跨宗教通婚的离婚率显著更高。当一个教派的相近替代教派越少，则内部通婚的概率就越高。不同宗教间的通婚，也经常是来自相对近似的宗教。①

4.宗教通婚与宗教参与。对于同一宗教的家庭成

---

① Becker, Gary S., Elizabeth M. Landes, and Robert T. Michael, 1977, "An Economic Analysis of Marital Instability", *Journal of Political Economy*, 85(6): 1141–1187; Schneider, Susan W., 1989, *Intermarriage*, New York: The Free Press.

员有较高的教会出席率这一现象，该模型给出的解释是，同一宗教的夫妻生产宗教产品更加高效，因为丈夫和妻子的投入是互补的。不同宗教间通婚的夫妻有强烈的动机去选择其配偶的宗教，当宗教人力资本较弱的一方转向较强的一方，效率将会提高。

5.宗教养育。该模型预测人们成年后的宗教参与率与他们孩童时候的宗教参与率以及宗教训练高度相关，因为宗教资本是宗教参与的副产品，且在宗教参与的过程中被不断积累。

6.时间和金钱的关系。无论是家庭还是商业生产过程都要求时间和金钱的投入，但两者的比例是可以不同的。“投入替代”（input substitution）的概念可以解释时间投入和金钱投入的分配比例，哪种投入比例更有效率取决于时间的值钱程度。时间越值钱的家庭，就越有可能性把省钱而费时间的生产方式替换成费钱而省时间的方式。对于宗教而言，时间货币价值高的人会通过参与资金密集型的宗教活动来节省时间。特别是，他们的金钱奉献相对于他们的宗教出席率会更高，反之亦然。

对于以上的预测，艾纳孔还寻找了一些经验数据的支持。他分析1964年和1973年天主教美国人的调查数据后发现，非天主教徒改信天主教的最集中的年龄是20岁，平均改教年龄是25岁，改教通常在生命周期的早期发生。1973年的数据显示，孩童时的宗教教导和父母参加聚会的频次与个人现在的奉献和聚会参加频次有正向关系。进一步，艾纳孔分析了三个机构不同年份的数据，以家庭对教会的奉献金和教会参加频率、祷告频率、《圣经》阅读频率为因变量，自变量包含社会经济变量、人口变量以及宗教背景变量，通过控制自变量，发现同一宗教的婚姻对因变量均有显著的正向影响。运用上述三套数据，艾纳孔也验证了收入是奉献/出席率这一比率的最强有力的预测因素之一，一个人如果变得富有，奉献/出席率将上升。高收入会导致人们的投入更多趋向于金钱密集型，更少趋向于时间密集型。

与宗教人力资本较为类似的概念，还有社会资本和宗教资本。斯达克与芬克在其经典著作《信仰的法则》中提出，社会资本由人际依恋而构成，为了强调宗教选择中的宗教因素，他们还进一步提出宗教资本概念，即宗教资本是对一个特定宗教文化的掌握和依恋程度构成的。[①]

---

① 〔美〕斯达克、〔美〕芬克：《信仰的法则》，杨凤岗译，中国人民大学出版社2004年版，第148—150页。

宗教社会资本理论（Religious Social Capital Theory）源于20世纪60年代对美国教派皈信经历的观察，但最初仅集中在神学解释方面，后来逐步转换到宗教信仰理性选择的成本和收益分析。[①]其核心观点是，宗教组织成员的人际依恋是宗教信仰选择的一个核心影响因素。宗教信仰带来的信任，在成为宗教信仰选择的重要心理资源的同时，也构建了社会网络，这会导致宗教信仰带来的收益以及转型成本。在效用最大化的原则下，人们会最优化他们的社会资本，所以在正常情况下，多数人既不改教又不改宗。但是，当人们与委身于其他宗派或宗教的人可以形成更强的依恋时，他们就会改宗或者改教。

为了整合上述概念，麦克布莱德把宗教资本（religious capital）定义为与宗教团体相关的个人人力资本、社会资本和消费资本。[②]资本需要投入且用以生产其他商品，资本的价值是由其生产的商品决定的。人力资本是一个人的技能、培训和经验的集合，积累教育和经验需要昂贵的时间和金钱投入，并可用于其他商品的生产。社会资本是指人际关系，人们需要付

① 〔美〕斯达克、〔美〕芬克：《信仰的法则》，第148—152页。

② Mcbride, M., 2023, *An Economic Approach to Religion*, pp. 77–79.

出努力来维护关系，关系也可以用来支持许多有价值的商品的生产。消费资本是指过去消费的积累，消费商品的价值可能取决于积累的消费商品的经验。这些被称为资本是恰当的，因为都需要投入并且可以用于其他商品的生产。一个人参与宗教活动，是对宗教资本进行投资，相反，如果避免参加宗教团体活动或者与其他团体成员失去友谊时，宗教资本就在贬值。

三、宗教俱乐部模型

宗教俱乐部模型（Club Model of Religion）由艾纳孔提出，该模型认为宗教是一种集体生产活动，个人的效用函数既来自自己的时间、物质投入和宗教人力资本，也来自其他教会成员的投入。比如，自己从敬拜中获得的愉悦和启示不仅仅依赖于自己的表现，也依赖于敬拜有多少人参加、其他人对自己的热情欢迎程度、他们唱得有多好等等。所以，艾纳孔在个人生产（或消费）宗教产品能力的函数中，引进了“团体质量”这个变量，该变量取决于其他成员的平均投入和团体规模。①

---

① Iannaccone, Laurence R., 1992, “Sacrifice and Stigma: Reducing Free-riding in Cults, Communes, and Other Collectives”, *Journal of Political Economy,* 100(2): 271–291.

该模型的效用函数为：

$$U^i = U(S^i, R^i, Q^i)$$

首先考虑成员同质的情况。假设宗教俱乐部有N＋1个同质的个人，S^i代表俱乐部成员i投入的世俗商品，R^i代表成员i的宗教参与。Q^i代表俱乐部的质量，是其他成员的数量以及平均参与度的函数。

$$Q^i = F(\overline{R}^i, N), \qquad \overline{R}^i = \sum_{k \neq i} R^k / N$$

预算约束条件（I）为：

$$\pi_s S^i + \pi_r R^i \leqslant I$$

π_s，π_r分别为世俗产品（非宗教产品）和宗教产品的价格。这里的价格是广义的，不仅包括金钱上的付出，也包括时间上的付出，也就是二者的获取成本。

俱乐部成员取得效用最大化的条件是宗教参与的边际收益等于边际成本：

$$\pi_s / \pi_r = MRS_{rs} + MRS_{qs}$$

宗教产品和世俗产品的价格之比，等于个人宗教投入的边际收益与个人在俱乐部的外在边际收益之和，这是帕累托最优条件。但实际上，由于决定俱乐部外在收益的个人投入（委身程度、付出和热情等）很难准确地被观测和计量，所以俱乐部无法用奖励参与的方式来实现个人的外在收益，也就是说，MRS_{qs}无法内化，只有考虑$\pi_s / \pi_r = MRS_{rs}$的情况。所以，个人效用最大化的解是无法实现的，只能转而追求次优解。既然无法奖励个人的宗教参与，俱乐部将采用提高世俗产品价格的方式来提高个人效用水平。

现在，考虑均衡情况下禁止非宗教产品（更宽泛地说，提高世俗产品获得的成本）对宗教参与的影响。假设成员都采用其他成员的平均宗教参与水平，在一定的条件下，该参与水平的纳什均衡将保持稳定。如果满足以下两个条件：（1）团体质量Q和个人宗教参与R是强互补品；（2）个人宗教参与R和世俗商品S是强替代品，那么禁止非宗教产品会极大提高宗教参与程度。更进一步，艾纳孔提出提高世俗产品S价格而提高成员效用的条件：世俗产品j的价格π_j变动对宗教参与R变动的交叉价格弹性$\in_{r\pi j}$，相对于j产品的支出比例k_j要足够大。当团体质量的价值很高且Q和R的互补性强时，禁令最可能提高个人效用，这表明宗教参与活动的强替代品被惩罚的可能性最大。

宗教俱乐部模型主要的预测如下：①

（1）大量的宗教要求（religion demands）旨在解

① Iannaccone, Laurence R., 1992, "Sacrifice and Stigma: Reducing Free-riding in Cults, Communes, and Other Collectives", *Journal of Political Economy*, 100(2): 271–291; Iannaccone, Laurence R., 1998, "Introduction to the Economics of Religion".

决“搭便车”（free rider）的问题，即可以根据宗教直接或间接地限制其成员机会的程度对宗教进行分类。对成员有着相同水平的牺牲和污名化（sacrifice and stigma）要求的宗教团体，其成员行为基本是一致的，而无论这些团体在历史、神学和组织上有多大差异。

（2）成员的投入程度和宗教团体要求的牺牲程度，是高度相关的。保持不寻常的举动，就是因为这些举动提高了投入水平，从而可以提高整体效用水平。

（3）严格教派（禁止较广泛范围的世俗产品生产或消费）更有可能吸引低工资率以及世俗机会较有限的成员，而较难吸收到高工资率以及较高世俗产品生产率的成员。从严格教派对世俗机会较有限的个人更有吸引力这一预测，可以得出两个推论：相对较低收入的阶层（比如少数族裔、妇女、儿童）更有可能选择加入教派而非主流的教会；在世俗机会出现普遍减少时，比如在经济衰退时期，教派将比非教派团体更有吸引力。

（4）改教、背教和其他突然的转变行为，在严格教派中更为普遍。教派要求成员牺牲大量的世俗产品的消费，如果世俗商品的生产率提高或者成员的收入提高，导致影子价格降低到一定程度，人们就会发现：离开教派，转而去消费那些世俗产品，对个人来说是更有利的。换句话说，连续的、小幅的影子价格的变动对于教派成员来说，将导致非连续的消费行为出现，即要么离开，要么留下；而在非教派的教会，人们因为不需要约束世俗产品消费，所以连续的价格变动所对应的行为是连续的参与率的调整，而非突然的转变。

（5）教派比非教派的宗教团体的人员规模要小。在严格教派中，严格的行为要求需要监管，而组织规模越大，监管成本越高。所以，控制一定的规模将减少监管成本，并获得规模经济的收益。

实证研究证实了上述预测。[①]艾纳孔把北加利福尼亚教会成员研究的1963年数据和20多年后的国家观点研究中心普遍社会调查1984年至1987年的数据，按照组织类型分为四类：最类似教会（most church-like）、类似教会（church-like）、类似教派（sect-like）和教派（sects）。其中，教派成员收入最低，教育程度最低；最类似教会成员收入最高，教育程度也最高。与其他主流团体相比，教派成员参与更多的宗教服务，贡献更多的奉献金（无论绝对值还是相对值）；团体的解释力度超过其他所有变量（年龄、收入、教育程度、性

① Stark, R. and William S. Bainbridge, 1985, *The Future of Religion: Secularization, Revival, and Cult Formation*, Oakland: University of California Press.

别、婚姻情况、地点）的总和。[①]

四、宗教保障模型

宗教常常与不确定性联系在一起，人们关注到宗教的一个原因就是它给人们提供保障。宗教可以通过两种方式在困难时期提供保障。[②]第一种，宗教可以直接提供医疗援助、经济支持等有形支持。不少证据表明，宗教作为保障的提供者确实在社会中发挥着重要作用，并且它是世俗保障来源（尤其是国家）的替代品。[③]而后，陈提出了宗教事后保障模型（Religious Ex-Post Social Insurance Model）[④]，即人们会根据收入冲击情况选择宗教投入度（religious intensity），而宗教组织会通过社会制裁机制来提供事后保障。第二种，

---

① Iannaccone, Laurence R., 1992, “Sacrifice and Stigma: Reducing Free-riding in Cults, Communes, and Other Collectives”.

② Kumar, Vikas A., 2008, “Critical Review of Economic Analyses of Religion”, Indira Gandhi institute of development research, Mumbai working paper.

③ Hungerman, Daniel M., 2005, “Are Church and State Substitutes? Evidence from the 1996 Welfare Reform”, *Journal of Public Economics*, 89: 2245–2267; Scheve, Kenneth and David Stasavage, 2006, “Religion and Preferences for Social Insurance”, *Quarterly Journal of Political Science*, 1: 255–286.

④ Chen, Daniel L., 2004, *Essays in Development Economics*, Doctoral Dissertation of MIT; Chen, Daniel L., 2010, “Club Goods and Group Identity: Evidence from Islamic Resurgence during the Indonesian Financial Crisis”, *Journal of Political Economy*, 118(2): 300–354.

宗教还可以提供应对社会经济冲击的心理机制。[①]

此外，宗教还有提供保险的另一种方式，就是通过其宣称的能力来确保人们免受来世的不确定性困扰，但无论是保障的收益还是保障的适当价格，双方都不知道。这里，我们介绍第一种类型的宗教事后保障模型。

宗教事后保障模型借鉴了俱乐部模型。宗教的作用是对团队成员提供排他性的相互保障。之所以称为事后保障，是因为人们可以在确认自己的收入是正向冲击还是负向冲击之后，做出宗教投入度的决定（是否投入以及投入多少）以保障自己。

陈把宗教组织模型化为一种风险化解机制，认为宗教信仰的选择是为了获得更高的社会保障水平。宗教事后保障模型提出了一个具体的宗教收益形式——社会保障，认为宗教可以为个体提供事后保障。因此，事后保障功能运行得越好，个体选择该宗教的收益就越大，进而选择该宗教的概率就越大。不难知道，影响该模型的因素包括风险和其他替代的社会保障水平。风险越高，宗教选择概率越大，宗教投入度也越高；

① Dehejia, R., Thomas Deleire and Erzo F. P. Luttmer, 2006, “Insuring Comsumption and Happiness through Religious Organizations”, NBER Working Paper, No. 11576.

替代的社会保障水平越高，宗教选择概率越小，宗教投入度也越低。[①]

在该模型中，个人收入（x）受到正向冲击（H）的概率和负向冲击（L）的概率均为1/2，宗教投入度Q_x用收入-奉献比表示，群体的奉献用以分担风险：受到负向打击的个人将从受到正向打击的个人处获得资金。$1-Q_x$表示个人在风险分担池之外的收入比例。$\bar{Q}$表示团体成员平均的宗教投入度。社会制裁函数$V\left(\frac{\bar{Q}}{Q_x}\right)$用以确保事后保障的稳定，其值越大（即个人宗教投入度相比团体平均投入度越低），则社会制裁V值越大，当$\frac{\bar{Q}}{Q_x}\leqslant 1$（即个人的宗教投入度大于平均宗教投入度）时，$V$值为0。$C(Q_x)$是宗教投入度的显示成本。

个人的效用函数是收入的效用函数减去社会制裁函数以及宗教投入度的显示成本函数。

$$U_x = u\left[(1-Q_x)x+\frac{Q_x}{\bar{Q}}(\bar{\mu})\right]-V\left(\frac{\bar{Q}}{Q_x}\right)-C(Q_x),$$

$$\bar{\mu}=\frac{1}{2}(HQ_H+LQ_L)\ ;\bar{Q}=\frac{1}{2}(Q_H+Q_L)$$

个人收入由两部分组成：自己投入宗教后的剩余

---

① Chen, Daniel L., 2004, *Essays in Development Economics*; Chen, Daniel L., 2010, “Club Goods and Group Identity: Evidence from Islamic Resurgence during the Indonesian Financial Crisis”.

收入以及从宗教组织预算中（由所有成员的宗教投入决定）可获得的收入。H的宗教投入度和L的宗教投入度是互补的，那些宗教投入度较高的人偏好别人的宗教投入度也高，这样可以分配高收入那些人的投入，所以对L而言，他人的宗教投入度对其有正外部性。然而，那些宗教投入度不高的个人更偏好他人宗教投入度不大，以防止他们高额投入被分配，并减少对自己的社会制裁，因此对H来说，其他人的投入度存在负外部性。所以，个人要最优化自己的宗教投入，就必须考虑其他人的投入决定，因为这决定了宗教组织预算$\bar{\mu}$。在边际收益和边际成本相等时，个人实现效用最大化。

宗教事后保障模型的主要预测如下：

（1）低收入者的宗教投入度（用个人投入宗教占个人总收入的比值来体现）高于高收入者$Q_L^* > Q_H^*$。宗教团体对于低收入者有正向的外部效应，而对于高收入者有负向的外部效应。H的宗教投入度Q_H越大，获得的利益越小；L的宗教投入度Q_L越大，获得的利益越大。

（2）在危机发生、人们的收入大幅度下降时，宗教投入度差异程度将扩大。低收入者倾向于平滑消费，提高他们的宗教投入度；高收入者倾向于把钱留给自己，降低宗教投入度。

（3）制裁措施可以让事后保障平稳运行。在危机中团体如果没有强有力的制裁措施，成员的参与度将会下降。首先是高收入者减少宗教投入度，然后低收入者的宗教投入度也会随之减少，因为前者会降低宗教团体总体的预算水平。结果就是整体投入度的降低。所以如果没有强有力的制裁措施，互助团体在危机中将趋于消亡。

（4）当人们可获得信贷（或其他社会保障）时，宗教投入度就没必要提高，因为信贷可以让人们在不同时间平滑消费，取代宗教投入度在不同人之间平滑消费的作用。信贷的可获得性对低收入者减少宗教投入度的影响程度高于对高收入者减少宗教投入度的影响程度。

对于这一模型的实证研究，主要是关注风险和社会保障与宗教信仰选择的关系。陈基于印度尼西亚在金融危机前后的数据，发现在危机中，人均每月非食物支出降低1美元，家庭参加古兰经的学习则增加2%，孩子转学到伊斯兰学校的人数增加1%。那些增加参与古兰经学习的家庭，在未来三个月需要救济品和信贷的概率下降了50%，而没有参加《古兰经》学习的家庭则只有不到5%的下降。信贷的可获得性和宗教投入度呈显著的负相关，数据表明信贷的可获得性使得经济危机对宗教投入度的效果下降了80%。

第二节　供给端模型

供给端模型（supply-side model）是从供给端入手研究宗教，侧重于研究宗教供给市场、供给结构和供给水平，进而研究宗教市场的管制和宗教组织的演变。供给端研究包括宗教组织、神职人员、教会-教派宗教市场等方面的研究。

一、宗教组织

以经济学方法来研究宗教组织，宗教组织可划分为两种类型：一种把宗教组织视为追求利润最大化的企业，另一种将其视为最大化其成员福利的俱乐部。[①]在需求端模型中已介绍过俱乐部模型，这一模型也可应用于解释供给端的宗教组织。对于需求端来说，俱乐部是通过宗教团体质量作用于个人效用，从而影响个人宗教选择；而对于供给端来说，如何确定筛选标

① Iannaccone, Laurence R., 1998, "Introduction to the Economics of Religion"; Barros, Pedro P. and Nuno Garoupa, 2002, "An Economic Theory of Church Strictness", *Economic Journal*, 112: 559–576.

准和如何确定最优规模以提高团体质量，被视为宗教组织的任务。

下面分别介绍第一种情景中的寻租垄断组织的E-H-T模型①和第二种情景中的允许部分搭便车的俱乐部模型。②

（一）E-H-T模型：最大化利润的寻租垄断组织

埃克伦德、赫伯特和托利森运用经济学中的垄断、寻租和产业组织理论来解释中世纪罗马教会的经济行为，被称为E-H-T模型。③

该模型把中世纪教会视为一家企业，以理性、成本意识、利润最大化的方式销售一套可识别的“产品”与“服务”。教会的主要产品是永恒救赎的保证，提供的主要服务是关于实现永恒救赎的信息和指导。中世纪教会宣扬通往天堂的唯一途径是坚持其教义宣言，

---

① Ekelund, Robert B., Robert F. Hébert and Robert D. Tollison, 1989, “An Economic Model of the Medieval Church: Usury as a Form of Rent Seeking”, *Journal of Law, Economics and Organization*, 5(2): 307−331.

② Mcbride, M., 2015, “Why Churches Need Free-riders: Religious Capital Formation and Religious Group Survival”, *Journal of Behavioral and Experimental Economics*, 58: 77−87.

③ 埃克伦德、赫伯特和托利森等人在1987年组成了一个研究团队，他们视中世纪教会为最大化利润的垄断组织，从1989年至1992年发表了一系列文章来解释中世纪教会的行为。这里主要介绍发表于1989年的第一篇论文。

并试图垄断“救赎条件”的提供。经过持续不断的努力，教皇形成了事实上的教义垄断，能够单方面建立信徒永恒救赎所必须的条件。对信徒而言，产品的需求是没有价格弹性的，因为没有什么替代品存在。

在E-H-T模型中，中世纪教会采用纵向的组织架构，实施由首席执行官（教皇）和董事会（枢机主教院和行政管理机构元老院）自上（梵蒂冈）而下的领导，其特许经营者（主教区和修道院）本身也是有不同权力的多层级机构。①在此纵向架构中，教皇官僚体系为上游垄断商，提供商誉或者无形资产（教义纯洁性、品牌的独特性、保证以及其他导致缺乏价格弹性需求的因素）；分散在各地的大小修道院、主教、教堂是下游供应商，直接售卖产品给需求者，需求者是教会成员。

图1.1表明，下游供应商的边际成本为MC_{Local}，上游供应商的边际成本为MC_{papal}，总的边际成本为MC_{Total}。在自由竞争市场中，产品价格为OT，产量为Q_C。但在垄断市场中，产品价格为OP，产量为Q_M。在垄断市场的纵向组织架构里，如果下游供应商是垄断者，则它会向上游供应商支付竞争性价格OR（即

① Ekelund, Robert B., Robert F. Hébert, Robert D. Tollison, Gary M. Anderson and Audrey B. Davidson , 1996, *Sacred Trust: The Medieval Church as An Economic Firm*, New York: Oxford University Press.

MC_{papal})，其从信徒获得的价格为垄断价格 OP，并获得垄断利润 $PATB$；如果上游供应商为垄断者，则下游供应商需要支付 $OR+TP$ 给上游垄断商，下游供应商从信徒获得的价格仍然为垄断价格 OP，垄断利润 $PATB$ 由上游垄断商获得。中世纪教会的经济行为属于上游垄断商的寻租行为，即教皇官僚体系会在生产和分配的垂直链条上采取多种方式以保证攫取垄断利润。

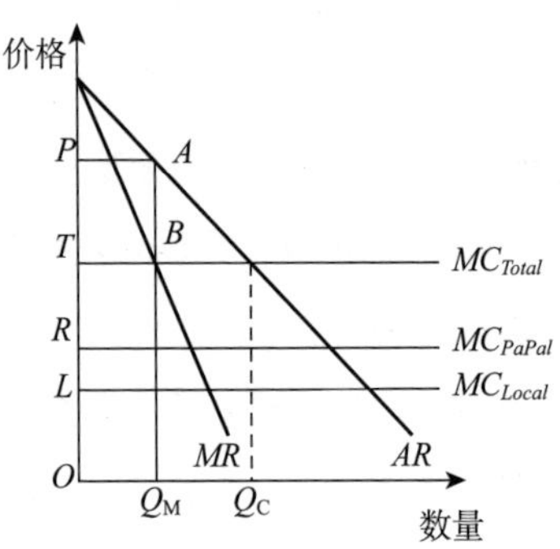

图1.1　中世纪教会的垄断模型

垄断者收取租金的方式有多种，比如纵向兼并、特许使用金（按单位支付）、一次性支付金额，等等。历史上，这些方式教会都采用过。

教会采取了一系列制度来帮助教宗实现垄断商的地位。一是，教会加大努力保持教义的纯洁性、强烈禁止异端、卷入真假教宗的争论、发动“圣战”等。

二是，教会建立各种规则抵制挑战权威性和自己收入的各种活动，特别是关系到买卖圣职、平信徒授圣职、高利贷以及对修道院和教会的司法管辖权这几个方面。三是，教会建立了实体的代理机构——教廷财务署来收取租金，实施控制，管制无执照者和欺骗者。

利用E-H-T模型，还可分析教会在高利贷上的政策和实际操作。在中世纪，有关高利贷的教义规定有不同的标准：尼西亚会议禁止高利贷行为，认为高利贷是索取多于给予，在之后很长时间对高利贷都是绝对禁止；1139年的拉特兰会议称高利贷是偷窃，但禁止的只是不当获利，而非全部获利；1452年，教皇尼古拉斯五世决定只要利息不超过10%，在阿拉贡和西西里，可赎回的抵押物合同都是合法的。这些不同的标准给制定规则的人创造了寻租机会。事实上，职业的典当商在欧洲一直存在，他们缴纳许可证的费用就可以公开营业，到15世纪，对高利贷也只是相对禁止而非绝对禁止。

另外，教会也是资金市场的重要参与方。当作为出借方时，教会有积极性让这笔贷款获取市场利率或者更高水平的利率，以保持并提高自己的垄断地位；当作为借入方时，教会有积极性发挥和执行一些教义以减少自身成本，增加自身财富；当教会既不是借入方也不是出借方时，教会有积极性采纳并保持政策，进一步增加自身财富和影响力。

（二）允许搭便车的俱乐部模型

宗教活动是一种集体产品，因此它面临的一个重要问题是搭便车。一般认为，若解决了这一问题，宗教组织就会蓬勃发展。然而，麦克布莱德认为，宗教组织在动态环境中允许搭便车才更具有活力，因为个人的宗教资本随着他们接触宗教的增加而增加，允许潜在成员暂时搭便车可能会增加未来的高宗教资本的成员数量以及相关的贡献水平。也就是说，允许搭便车是宗教组织的一项有风险但又必要的投资。如果在任何阶段都杜绝搭便车者（即使可以无成本地监控成员的行为），那么团体将无法维持未来的贡献者池。所以，宗教组织作为一个团体，它的最佳策略是管理搭便车者，而非单纯地消除搭便车者。宗教组织投资搭便车者也是有风险的，因为不是所有的搭便车者都在下一阶段转换成贡献者。可见，允许搭便车是有成本的，因为搭便车者消耗了团体资源并降低了平均贡献。①

① Mcbride, Michael, 2015, “Why Churches Need Free-riders: Religious Capital Formation and Religious Group Survival”.

麦克布莱德在艾纳孔的俱乐部模型的基础上，引入了两个因素：动态设置和宗教资本。动态设置是指存在两代人，每个人都经历孩童时代和成人时代。对于成人是否参加团体和奉献，只要分析当期的成本收益就可以。对于孩子是否参加团体和奉献，则需要考虑两期的成本收益，因为，第一期的参加将影响第二期的宗教资本，而宗教资本的增加会增加个人的效用。

扩展后的模型的核心结论是：宗教组织会最优化地允许一部分搭便车者，这为获取日后的会员做准备。麦克布莱德进一步把宗教组织分为三类：不严格的、严格的、特别严格的。由此，从扩展的模型可以得出四个结论：（1）严格的和特别严格的宗教组织相比不严格的宗教组织，会有更少的搭便车者；（2）成员的奉献分布是不平衡的，但是当组织的严格性加剧时，不平衡性会缩小；（3）所有类型的宗教组织都会有一些受欢迎的搭便车者；（4）对于特别严格的宗教组织，一定要有足够高的生育率才能保证生存。第一个结论和艾纳孔最初模型的结论是一致的，其余三个则是从第一个结论扩展出来的。

经过修正的俱乐部模型更符合我们观察到的现象。与污名化筛选理论所隐含的屏蔽和排斥精神相反，许多宗教组织非常欢迎对团体贡献较少或没有贡献的人，因为贡献者不是天生的，需要后天培养，宗教组织要允许一定程度的搭便车才能生存，否则其高宗教资本贡献者的存量终将耗尽。

二、宗教组织的神职人员

宗教组织的神职人员是宗教组织的重要生产要素，他们的积极性和工作效率直接影响供给水平，因此如何激励神职人员是重要的课题。这里主要介绍有关神职人员的激励设计和神职人员所构成的宗教领袖的协调作用的一些研究。

（一）对神职人员的激励

在18世纪，斯密就曾指出，依靠自愿捐款的神职人员比那些依靠政府支持的神职人员，在工作中会表现出更大的热情和勤奋。[①]芬克与斯达克指出，卫理公会和浸礼会在美国19世纪爆炸式的增长，源于神职人员更有效的市场推广和更好的激励方式。[②]他们还指出，在斯堪的纳维亚和德国，国家教会的神职人员既是公

---

① 〔英〕亚当·斯密：《国民财富的性质与原因的研究》，第359—360页。

② Finke, R. and R. Stark, 1992, *The Churching of America, 1776–1990: Winners and Losers in Our Religious Economy*, New Brunswick: Rutgers University Press.

务员又是工会成员，神职人员的生产力很低，无论信徒有多少，他们的收入和任期都是稳定的，对他们来说，空寂的教堂比坐满人的教堂更好，因为不必花力气。①

卡松与马尔凯塞的研究认为，神职人员是教会的代理人，他们受过专门训练并形成等级制的官僚机构，教会需要这样的机构去完成各项任务。但是，代理人的目标和教会的目标并不一致，他们存在削减自己义务并压榨教会需求的可能。特别是，教会越大，官僚机构中的个人私利也越大。因此，把神职人员的利益和教会的利益结合起来会制约教会的成长，而在教会的奉献金上一定要监督和限制神职人员的自由裁量权。他们还认为，赎罪券本身是帕累托改进，无论是对教众还是教会都可以提高效用，但是其中也会产生各种无效的政策，就是因为缺乏对代理人的控制：神职人员经常越过他们的权力范围，允诺比教会规定的更多的好处，甚至售卖假的赎罪券。神职人员最大化个人利益，是导致宗教改革前夕赎罪券售卖运转失灵的重要原因。②

这里需要指出的是，卡松与马尔凯塞的研究借用

---

① 〔美〕斯达克、〔美〕芬克：《信仰的法则》，第284页。

② Cassone, A. and C. Marchese, 1999, "The Economics of Religious Indulgences", *Journal of Institutional and Theoretical Economics*, 155: 429–442.

了现代经济学的委托–代理模型来解释神职人员与教会的关系。然而，库马却指出，宗教经济学中很少出现经济学中热门的委托–代理模型，这应该不是偶然的，因为在宗教组织和信徒之间，委托者和代理者的角色并不明确，甚至可以说，两者都兼具委托者和代理者的角色。[①]

斯达克与芬克指出，在梵蒂冈第二届大公会议之后不久，天主教神职人员数量的迅速下降可以从激励方面来解释。[②]这次会议降低了神职人员在道德上的优越感，把修士（修女）视同俗众而非圣洁的举措显然降低了神职人员的宗教性回报；但与此同时，他们的代价（成本）却没有降低，独身的誓约和服从的誓约并没有被放松。也就是说，天主教神职人员的衰落，源于教会抛弃了许多神圣的传统，减少了神职的回报，但却又没有相应地降低代价。

（二）宗教领袖

在所有神职人员中，宗教领袖是非常特殊的。人们普遍认为，宗教和文化领袖对其追随者及整个社区的态度和行为有影响，因此宗教领袖有强烈的动机保

---

① Kumar, Vikas A., 2008, “Critical Review of Economic Analyses of Religion”.

② 〔美〕斯达克、〔美〕芬克：《信仰的法则》，第208—233页。

持独特性并防止被同化。

在宗教领袖影响公众态度的方面，恩塔纳与瓦尔斯滕通过对2004年美国国家政策研究数据进行回归分析，发现宗教领袖可以深刻影响其教区民众对移民法的态度：接触宗教领袖有关移民言论的居民，更加强烈地支持增加移民到美国，允许移民在军队服役，并允许在军队服役的移民获得公民身份。①

在宗教领袖的效用函数方面，目前主要有两类：②

第一类是增加宗教信徒数量，最大限度地在社会上传播自身的文化特征，并通过提供公共产品来说服人们成为信徒。此时，宗教领袖的效用函数为：

$$U=R(q)-C(G)$$

其中，q为宗教信徒在人口中的比例；$R(q)$为宗教信徒人口规模带来的效用，随着q的增加而增加；$C(G)$为提供公共产品G的成本。提供更多的公共产品会带来更多的追随者，同时成本亦会扩大，宗教领袖的目标是寻找最优的公共产品供应水平。

① Nteta, T. M. and K. J. Wallsten, 2012, "Preaching to the Choir? Religious Leaders and American Opinion on Immigration Reform", *Social Science Quarterly*, 93: 891–910.

② Prummer, A., 2019, "Religious and Cultural Leaders", in Carvalho J. P.(eds.), *Advances in the Economics of Religion (International Association Series)*, pp. 103–117.

第二类是在增加追随者宗教信仰的同时，通过提高追随者的经济效益来提高他们的奉献支付。此时，宗教领袖要选择最优的宗教传播水平，以最大化追随者的奉献支付总和，此时他的效用函数为：

$$U = \sum_{i=1}^{n} \pi(p_i, w_i)$$

追随者i的奉献支付 π_i，由宗教信仰程度p_i和物质福利w_i共同决定。宗教领袖直接影响所有成员的p_i，尽管不能直接影响w_i，但是每个信徒的经济状况也依赖于所追随的规范，因为这些规范会或正或负地影响他们的经济产出。因此，宗教领袖既希望他的社区能够认同他所传播的规范价值观，也希望他的社区变得富裕。后者和公共产品的提供能力直接相关。于是，宗教领袖常常面临这样的权衡：一方面他们强调遵守宗教规范和价值观的重要性，从而提高团体成员的身份认同感；另一方面，他们提倡温和的宗教观念，使得追随者可以更成功地融入劳动力市场，获得更高的收入，从而提高对宗教团体的奉献金。

两类效用函数尽管有所差异，但是都会通过经济后果来影响会员身份的吸引力：第一类是通过提供公共物品，第二类是通过个人在劳动市场的收入。

在明确了宗教领袖的效用函数后，一个关键的结论是：相比没有宗教领袖的环境，宗教领袖的存在提高了成员的宗教性。但是，宗教领袖在提高宗教性的努力程度受到两方面的约束：一是他们提供公共产品的能力，二是团体成员的经济情况。

此时，若考虑宗教领袖的最简单的目标函数，即把信仰和收入进行加权平均，在这种情况下，如果信仰或者宗教身份的持续提高只带来相对少量的经济收入损失，则领袖会选择极端性宗教。但是，如果信仰或宗教身份的提高会带来足够多的经济收入损失，则领袖会采取同化策略，放弃各种宗教仪式。卡瓦略与小山用这个理论解释了极端正统犹太教的兴起。①犹太人在被解放后，获得完全公民身份，一些犹太社区放弃了许多传统，而另一些犹太社区却制定了更严格的规则。原因是，在缺乏经济机会的地区，拉比实施更严格的宗教规则，导致极端正统社区的出现；而在繁华的地区，宗教特征和行为则不再公开展示。

但是，如果信仰和收入不是用加权平均的方式进入目标函数，而是以相乘的方式进入目标函数，则宗教领袖就会采用中等水平的宗教信仰，废除一些限制

① Carvalho, J.P. and M. Koyama, 2016, "Jewish Emancipation and Schism: Economic Development and Religious Change", *Journal of Comparative Economics*, 44: 562–584.

性的宗教习俗，但也不会出现完全中止这些规范的情况，因为不论对经济收入有多大帮助，完全中止意味着领袖的效用为0。普鲁默与希德拉瑞克的研究表明：没有宗教领袖的移民将会完全融入定居的国家，而有宗教领袖的移民则无法完全放弃他们的宗教态度和身份。对于后者，宗教领袖选择与主流社会的融合水平，取决于以下三个因素：一是，当地社会的歧视水平。如果当地社会歧视水平低，允许移民通过既定的技能投资就能获得更大的经济收入，移民的生产力得到提高，则宗教领袖会提高宗教性来抵消外来世界的影响。二是，政府转移支付水平。如果政府一次性转移支付金额大，将会削弱团体成员加入主流劳动力市场的积极性，宗教领袖则有动机提高团体的宗教性。三是，团体的异质性程度。如果团体成员同质性强，关系紧密，互相影响的程度深，则宗教领袖会寻求更高水平的宗教信仰和规范。①

三、宗教组织的形态：教会-教派理论

在对宗教组织和宗教信仰的研究中，教会-教派理论可能是宗教社会学提供的最重要的中层理论。②教会

① Prummer, A. and J.P. Siedlarek, 2017, “Community Leaders and the Preservation of Cultural Traits”, *Journal of Economic Theory*, 168: 143-176.

② Swatos, William H., Jr. (eds.),1998, *Encyclopedia of Relion and Society*, Lanham: AltaMira Press, p. 90.

和教派这两个术语，不仅用于对宗教团体进行分类，还用于发展相关理论来解释宗教团体随时间而变化的形态。

尼布尔在20世纪初创立的经典的教会-教派理论，被认为是研究宗教组织的最重要的理论之一。在1929年发表的《宗派主义的社会根源》一书中，尼布尔把教会-教派视为宗教组织连续体的两极，而不是简单地视为离散的类别。他不仅根据相对的教派相似性或教会相似性对群体进行分类，还分析了当组织沿着这一连续体移动时宗教历史的动态过程，描述了教会和教派之间的动态的过程。[①]

之后，理论界一度把教会-教派理论的焦点从比较分析工具转向分类系统，把社会学术语应用于宗教组织，构建了很多复杂的类型。霍华德·贝克尔（Howard Becker）构建了膜拜团体（cult）、教派、宗派（demonination）、教会四种类型。英格尔（J. Milton Yinger）又将贝克尔的四种类型扩展到六种：膜拜团体、教派、建制教派（established sect）、宗派、教会、普世教会（universal church），还根据教派与社会秩序的关系是接受、回避，还是进攻，对教派进一步细分。[②]威尔

① Niebuhr, H. Richard, 1929, *The Social Sources of Denominationalism*, New York: Holt.

② Swatos, William H., Jr. (eds.), 1998, *Encyclopedia of Religion and Society*, Lanham: AltaMira Press, p. 91.

逊提出的教派类型被应用的时间最长，他提出了皈依、革命、内省、灵知四种类型。①

对于类型分析，斯达克与本布里奇指出，大多数社会学家对教会–教派的兴趣源于对宗教运动的理论研究，但是类型学分析却制约了理论构建。②

（一）教会–教派的特点

约翰逊重新思考了教会–教派理论，他抛弃了教会–教派的各种定义中对数十个相关因素的静态分类，将“社会环境的接受/拒绝”视为一个单一变量，即教会是一个接受其所在社会环境的宗教团体，而教派是一个拒绝其所在社会环境的宗教团体。他提出一个张力轴线，认为宗教团体是沿着张力轴线处于完全拒绝到完全接受之间的连续统一体。③

这种新的思考极大地影响了以斯达克及其合作者为代表的宗教市场学者。斯达克与芬克把张力（tension）定义为，一个宗教群体和“外部”世界之间

---

① Wilson, Byran R., 1959, “An Analysis of Sect Development”, *American Sociological Review,* 24(1): 3–15.

② Stark, R. and William S. Bainbridge, 1979, “Of Churches, Sects, and Cults: Preliminary Concepts for a Theory of Religious Movements”, *Journal for the Scientific Study of Religion* 18 (2): 117–133.

③ Johnson, B., 1961, “Do Holiness Sects Socialize into Dominant Values”, *Social Forces*, 39: 309–316.

的区别、分离和对抗程度。（大）教会是跟其社会环境的张力相对低的宗教团体，（小）教派是跟其社会环境的张力相对高的宗教团体。[①]张力可从两个维度观察：一是，严重违反社会全体人员的一般标准；二是，受到社会有权势的精英们蔑视与惩罚的任何行为或特征。[②]高张力的宗教团体，明显异质于精英们主导的社会价值体系和行为体系，因此，张力对宗教团体来说是成本，代表着世俗机会的丧失，而宗教团体要生存和发展，必然要求有与成本相匹配的回报。一个宗教团体和周围的张力程度越高，它所要求的委身程度就越排他、深广和昂贵。对于消费者来说，委身程度代表成本，高张力的宗教团体委身意味着要付出昂贵的物质的、社会的和心理的成本，消费者的回报在于这类宗教团体的宗教产品质量更高。

艾纳孔用一个正式的理性选择模型，推导出教会-教派表现出的不同的特质。[③]在该模型中，个人效用由宗教收益R和世俗收益Z决定，在影响R和Z的因素中，除了时间投入、物质投入、人力资本投入，还有

---

① 〔美〕斯达克、〔美〕芬克：《信仰的法则》，第178—181页。

② 〔美〕斯达克、〔美〕本布里奇：《宗教的未来》，高师宁等译，中国人民大学出版社2006年版，第58页。

③ Iannaccone, Laurence R., 1988, “A Formal Model of Church and Sect”, *American Journal of Sociology*, 94: S248–S268.

一项C，即规范性行为。C体现在个人整体生活方式中显示宗教委身质量的方方面面。C既会影响R，也会影响Z，因为规范会引导人们以特定的方式行事。存在特定的规范Cr和C_Z，它们分别使得$R(Cr)$和$Z(C_Z)$最大。为简单起见，在正式的模型中，效用函数的表达主要是用C表示，其他几项因素略去。因此，个人效用函数可简化为：

$$U(R(C)),Z(C)$$

个人存在最优化规范$C*$，使得U最大。$C*$就是生产可能性边界（$Z-R$曲线）和效用无差异曲线（U曲线）的切点（见图1.2）。

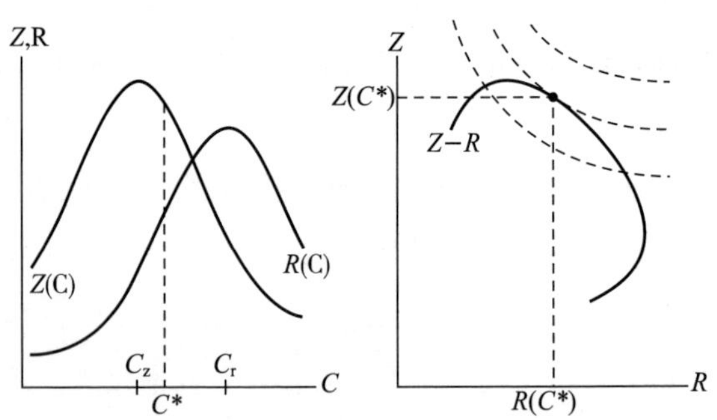

图1.2　生产可能性边界和效用无差异曲线

人们的偏好不同，他们的效用无差异曲线的斜率也就不同。当个体更偏好宗教商品时（图1.2右图）无差异曲线更陡，意味着$R(C*)$的价格更高，减少相同的R要更多Z来补偿。当无差异曲线更陡时，则切点会往右，左图的$C*$会往C_r的位置挪动。

如果宗教规范变动或宗教容忍度降低，导致C_r和C_z的差距扩大（即最优世俗收益的规范和最优宗教收益的规范的差距扩大），当差距足够大时，$Z-R$曲线会从凹曲线$Z-R^c$变成凸曲线$Z-R^S$（即图1.3的右图）。在图1.3中，考虑两个不同的个体，其中一人的宗教性更强，对于凹曲线$Z-R^c$（右图），两人的最优规范点分别为C_2和C_2'（左图）；而对于凸曲线$Z-R^s$（右图），两人的最优规范点分别为C_1和C_1'（左图）。因此，当最优世俗收益的规范和最优宗教收益的规范的差距扩大时，不同偏好的两人之间的差异会扩大。

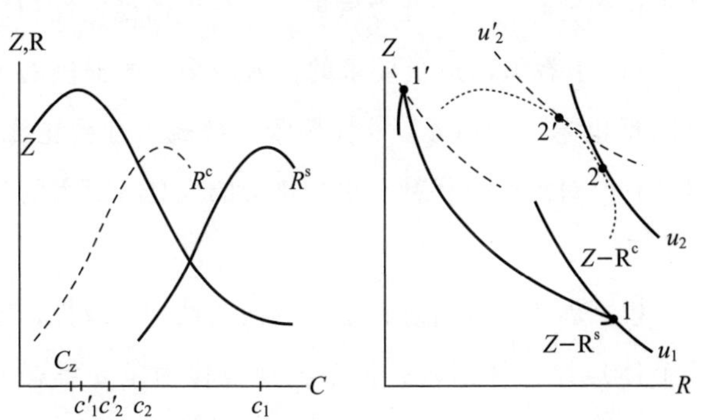

图1.3　不同的生产可能性边界和效用无差异曲线

于是，艾纳孔对教会-教派给出了一个特别简洁的描述：当宗教组织产生的生产可能性边界$Z-R$曲线为凹曲线时，该宗教组织为教会；当产生的$Z-R$曲线为凸曲线时，则为教派。凹度/凸度根据团体和周边社会的不一致以及不能被接受的程度而变化，这和约翰逊、斯达克与芬克采用的张力单一连续体变量在本质上是相同的。

艾纳孔从该模型还推演出若干结论：（1）教会的成员倾向于采取更符合社会规范的位置（C_2和C_2'更靠近C_Z，在C_Z和C_r^C之间），教派的成员则靠近两端（C_1靠近R^S最高点C_r^S，C_1'靠近C_Z），但由于靠近世俗的成员C_1'将会被排斥出教派，只剩下C_1，因此教派的成员更加同质地靠近C_r^S；（2）宗教规范离世俗规范C_Z越远，同质化程度越强，因此教派展示了强大的稳定性和统一性；（3）教派向成员要求的投入越多，所提供的宗教回报也越广泛；（4）尽管教派不会成为社会主流，但是它们对那些世俗社会更少机会的人具有更大的吸引力。

模型展示了经济理论框架的简洁性和一致性，它从个体理性选择出发，把宗教规范作为主要解释变量，把凹度/凸度看成教会和教派的连续单一变量，推演出若干结论。宗教组织的严格的行为标准、抵制社会变化、高度的宗教参与等，都是结果而非原因。

（二）教会–教派的演化

尼布尔指出，随着时间的推移，成功的教派倾向于降低与社会的张力程度，从而转变成大教会。但是，这也会导致分裂，因为不满意的成员会离开，形成了新的教派。①

斯达克与芬克则进一步用宗教张力解释教会和教派的发展和变迁。他们指出，宗教运动既有教会运动——宗教团体朝着削减张力方向运动，也有教派运动——宗教团体朝着加大张力方向运动。大多数宗教群体都是从一个相对高的张力开始，增长集中在高张力的宗教群体中，但增长也会导致宗教群体降低张力，并导致成员的平均委身程度降低。同样，一个处在下降的低张力的宗教群体，为了获得更高的宗教回报，会转移成高张力的状态，这两种转变是同时发生的。②

不同张力的宗教团体对应于不同人群的宗教需求，为此，斯达克与芬克还引入经济学的区位（niches）概念，把有共同宗教喜好（需要、趣味和期待）的潜在的信徒称作区位。宗教市场区可分为六个区位：极端

---

① Niebuhr, H. Richard, 1929, *The Social Sources of Denominationalism*, New York: Holt.

② 〔美〕斯达克、〔美〕芬克：《信仰的法则》，第175—206页。

开放区位、开放区位、温和区位、保守区位、严格区位和极端严格区位。其中，对应中等张力的温和区位和保守区位最大，对应的潜在信徒最多。每个区位都有相应的宗教组织，这些宗教组织为这个区位的宗教信徒提供宗教服务。比如，唯一神普世教派、改革派犹太教服务于极端开放区位，而阿门派、本尼迪克特僧侣服务于极端严格区位。随着宗教团体张力的改变，它也就吸引并服务于不同区位的信徒。在从小教派到大教会的转型过程中，随着张力的降低，它们离开原来的基础的区位，吸引更大的区位，因此宗教团体规模会增长。如果温和区位的宗教继续降低它们的张力，它们就会偏离这个大的区位从而停止增长。如果大教会放弃了原来的区位，就容易分裂，去服务喜好高张力的成员。①

另外，经济学家还使用动态模型研究社会互动在长时间内的演变。一个简单的动态模型假设包括：宗教团体存在低、中、高三个严格级别；每个人从严格度最接近他们的理想群体中获得最大的收益；每一代团体成员在下一个时期被出生在同一宗教团体的孩子取代；每个孩子的社会阶层随机设定；精英决定所在

① 〔美〕斯达克、〔美〕芬克：《信仰的法则》，第237—267页。

群体的严格级别。动态模型运行的结果是，要满足经典的从教派到教会的周期性出现还需要额外条件。其中一个重要条件是，个人需要适度绑定所在的团体（即适度的宗教资本）。如果联系太弱，不满的成员就会立刻离开，而无法实现从教派到教会的转变；如果联系太强，那么精英们会进行从教派到教会的过渡，但是不满意的成员永远不会离开去建立新的教派。其他条件还有社会流动性、精英和领导的控制力和新群体形成的障碍。如果群体成员的代际社会流动性有限，社会精英无法控制群体决策，或者组建新群体的成本很高，经典的周期性预测都不太可能出现。①

四、宗教市场

（一）宗教市场的特点与宗教垄断的形成

芬克与斯达克认为，宗教经济的最显著特点就是放松管制的程度，这个程度决定了宗教经济是市场驱动性的，还是由国家管制而导致垄断的。②管制的最直接结果就是影响消费者可获得的宗教供给，并影响人

---

① Mcbride, M., 2023, *An Economic Approach to Religion*, pp. 237–257.

② Finke, R. and R. Stark, 2003, "The Dynamics of Religious Economies", in M. Dillion (ed.), *Handbook of the Sociology of Religion*, Cambridge: Cambridge University Press, pp. 96–109.

们选择宗教的自由。当宗教市场处于完全竞争的情况下，宗教供应水平高，宗教参与水平高；当宗教市场处于管制导致垄断的情况下，宗教供应水平低，宗教参与水平低。

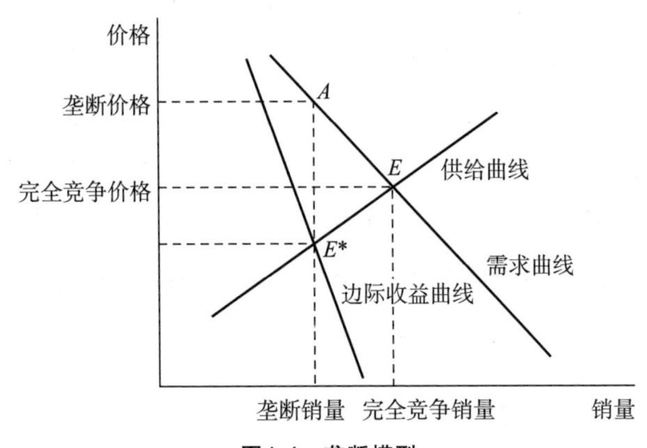

图1.4　垄断模型

图1.4是垄断和完全竞争的比较。[①]在完全竞争条件下，最优决策是价格等于边际成本，从需求曲线和供给曲线的交点E得出。在垄断条件下，由边际收益等于边际成本得出产量水平。可以看出，与完全竞争市场比，垄断情况下的价格更高（*A*点对应的价格），产量更低（*E**点对应的销量）。垄断情况下的社会净

① 张维迎：《经济学原理》，西北大学出版社2015年版，第268页。

剩余（即消费者剩余和生产者剩余之和）下降，下降量等于三角形AEE^*。

在宗教市场上，价格表示宗教产品所要求的代价，销量表示宗教产品供给（消费）数量，宗教消费数量表现为宗教参与程度。那么，在教会-教派的动态转化中，会不会有一种宗教团体取得优势地位并形成垄断？

垄断存在的原因之一是生产规模报酬递增。在规模报酬递增的情况下，生产一种商品的单位成本会随着生产规模的增加而降低。导致规模报酬递增的原因有很多，其中的一个显著原因是，有一个很大的固定成本可以分摊到庞大的产品数量上。较大的教派可以利用其规模开展活动，提供较小教派无法提供的商品和服务，并取得竞争优势。在规模递增的市场中，就可能存在强大的垄断倾向，而如果存在天然的高进入成本时，还会出现“自然垄断”，即，市场上所有供应都由单一供应商提供：较大的供应商在市场上取得竞争优势，并将较小的供应商赶出市场，或者阻止新供应商进入。

麦克布莱德分析指出，宗教是否具有天然垄断性，取决于是否具有显著的生产规模报酬递增以及高进入成本。反对宗教具有自然垄断的一个重要理由是：单一宗教团体很难满足具有不同宗教偏好的个人，它们有自己的群体边界。而且，当宗教团体变得庞大时，随之而来的搭便车和协调问题会变得严重，从而削减了宗教团体的规模报酬。另一个理由是：许多最重要的宗教商品可以在小规模经营中提供，新的教派在开放的宗教市场的进入成本并不高。理论上，任何人都可以成立新宗教团体并寻求追随者，这与只能大规模才能有效提供商品和服务（比如水电等公用事业）的自然垄断不同，许多最重要的宗教产品（比如布道和赞助团契等）都可以在小群体中进行生产和消费。[①]

进一步，麦克布莱德探讨如果宗教不具有天生的垄断性，那历史上的宗教垄断是如何形成的？一个宗教团体垄断宗教市场的能力，取决于国家使用强制力管制宗教市场的程度。比如，政府对新的宗教团体设置了极高的进入壁垒。天主教会在中世纪的垄断地位，源于政府法规的支持；其他官方国有教会要保持垄断地位，也是通过在国家宪法中正式确认，通过政府的资助支持，并通过罚款威胁压制其他宗教团体的进入以保护其免受竞争。而罕见的开放市场下的宗教垄断，是因为人口具有非常同质的宗教偏好。比如，摩门教在美国西部犹他州的垄断地位，是因为大量的摩门教

① Mcbride, M., 2023, *An Economic Approach to Religion*, pp. 267–271.

徒移居到该地区；但是，随着时间的推移，非摩门教徒在犹他州不断增加，同质性的宗教偏好无法得到保持，从而摩门教的垄断地位只是暂时性的。另一种理论上可能出现的垄断情况是，一个宗教团体成功地找到一种方式能满足所有偏好的宗教需求，但是这与宗教团体本身的定义是矛盾的，因为各种宗教团体都致力于建设自己的身份和文化，多样化的表达将从根本上动摇宗教团体的根基。

虽然存在国家管制宗教市场，但是绝对的宗教垄断仍然很难实现。即使在中世纪，天主教会的权力达到巅峰，市场上也仍然存在异端和反国教者。当政府予以镇压时，这些宗教组织会转入地下；而一旦高压得到缓解，多元化也将开始发展。[①]在正常情况下，无管制的、高度竞争的宗教市场将出现满足多种不同的宗教需求以及服务需求的各种宗教团体。

（二）宗教的多元化与竞争的关系

宗教市场由多个细分市场或小的市场组成，每个细分市场或小的市场具有特定的宗教偏好（需求、品位和期望），因此没有一个宗教组织可以满足所有市场定位。也就是说，在不受管制的市场中，多元化的宗

① 〔美〕斯达克、〔美〕芬克：《信仰的法则》，第245页。

教组织将会崛起。

斯达克与芬克认为:“宗教多元化(多个供应商的存在)的重要性只是由于它增加了选择和竞争,提供给消费者幅度更广泛的宗教回报,迫使供应者更多的回应和更有效率。”[①] 因此,宗教市场理论强调的是竞争,而非多元化。多元化本身不一定促进竞争,如果一个社会的宗教市场由十多个严格的卡斯特(castes)等级构成,每个等级都由其自己的独立的宗教组织提供服务,这只是具有很高的多元性,但没有宗教竞争。在这样一个社会中,个人面临的状况其实与整个社会只有一个垄断性宗教组织是相同的。

在一般情况下,多元化都是和竞争紧密联系在一起的。但是,由于对于竞争缺乏直接的测量方式,研究中经常用多元化作为竞争的代用指标。较常用的指标是赫芬达尔指数(Herfindahl-Hirschman Index),它是一种测量产业集中度的综合指数。[②]

$$P=1-H=1-\Sigma p_i^2$$

其中,p_i表示宗教组织i的成员占所有宗教组织成员的比重。如果参与的组织有n家,这一指标数值会在

① 〔美〕斯达克、〔美〕芬克:《信仰的法则》,第247—248页。

② 〔美〕斯达克、〔美〕芬克:《信仰的法则》,第270页。

$1/n \sim 1$之间变动，数值越大，表明市场集中度越高。如果整个市场只有1家企业，则这个数值为1。

大量的经验研究证实了多元化与参与率之间的关系。芬克与斯达克分析了美国1906年150个最大城市的数据，验证了多元和竞争的正面效益：宗教多元性越高，宗教归属活动和主日学校活动比例越高。[①]艾纳孔对比了在12个主要的新教国家中的宗教参与率与宗教市场集中度之间的关系，发现两者是明显负相关的。在虔诚度上（以祷告的频率、对上帝的信仰、对宗教的信心等指标衡量），存在大量教会竞争的国家也要好于单一官方教会的国家。[②]扎列斯基与泽奇通过整理177个当代美国团体的奉献金，发现占据较少市场份额的教派在宗教市场更多元的情况下，人均投入是更高的。[③]另外，斯达克与芬克还指出，当多元化到达一定程度，如果市场已经饱和，则进一步的多元化并不会

---

① Finke, R. and R. Stark, 1988, "Religious Economies and Sacred Canopies: Religious Mobilization in American Cities, 1906", *American Sociological Review*, 53: 41–49.

② Iannaccone, Laurence R., 1991, "The Consequences of Religious Market Regulation: Adam Smith and The Economics of Religion", *Rationality and Society*, 3: 156–177.

③ Zaleski, Peter A. and Charles E. Zech, 1995a, "The Effect of Religious Market Competition on Church Giving", *Review of Social Economy*, 3: 350–367.

提升宗教参与的整体水平。[①]

宗教市场论的上述主张，与新古典经济学是一脉相承的。新古典经济学强调市场和竞争的作用，认为在自由竞争的前提下，非均衡状态通过不断试错而达成均衡价格和均衡产量。同时，新古典经济学反对政府干预，认为政府干预会带来效率损失，影响均衡的形成。

第三节　供给-需求的统一分析

宗教经济学也对需求方和供给方进行了统一研究，其中比较突出的，是把霍特林区位模型运用于对宗教组织的竞争分析。

霍特林模型（Hotelling model）是产业组织理论的经典模型，它给出了一种特殊的产品差异——企业区位，并以此解释在给定的消费者的区位分布中，企业如何决定区位选择。借鉴霍特林区位模型，综合考虑宗教需求方和供给方共同的决策过程，宗教经济学取得了一系列丰硕的成果。这里主要介绍两个区位模型。

巴罗斯与加鲁帕建立了第一个关于宗教组织竞争

① 〔美〕斯达克、〔美〕芬克，《信仰的法则》，第278页。

的正式模型。该模型以“严格度”作为区位，分析单一宗教组织和双寡头宗教组织下的竞争决策，从而解释了在什么情况下宗教组织会改变其严格度。[①]而蒙特利尔模型的独特地方，不仅在于维度的内容和数量均有变化，还构建了一个新的竞争性水平衡量工具，从而避免了常用的赫芬达尔指数的弊端。[②]

一、巴罗斯与加鲁帕模型

在巴罗斯与加鲁帕模型[③]中，个人的偏好由“严格性”这个单一维度确定；个人效用由个人的理想严格性和其加入组织的实际严格性的差距来决定，差距越小，效用越大。严格性，是指神学上的绝对主义以及对宗教团体行为准则的遵守程度。宗教组织的目标，是使得团体内的个人总效用最大。

假设个人的理想严格度为x，在[0,1]区间，宗教组织在严格度的位置是a点，y为宗教组织提供地方公共品的收益。当x在a的左边，意味着个人的理想严格

① Barros, Pedro P. and N. Garoupa, 2002, “An Economic Theory of Church Strictness”, *Economic Journal*, 112: 559–576.

② Montgomery, J., 2003, “A Formalization and Test of the Religious Economies Model”, American Sociological Review, 68(5): 782–809.

③ Barros, Pedro P. and N. Garoupa, 2002, “An Economic Theory of Church Strictness”, *Economic Journal*, 112: 559–576.

度低于组织的严格度，差距的单位成本为t；当x在a的右边，意味着个人的理想严格度超过组织的严格度，差距的单位成本为t'。若个人不参加宗教团体，差距则是个人的理想严格度和0之间的距离，即世俗社会是严格度为0的组织。

由此，个人i的效用函数为：

$$U_i=\begin{cases} y-t(a-x) & \text{当个人归属宗教团体,}x\text{ 在 }a\text{ 的左边} \\ y-t'(x-a) & \text{当个人归属宗教团体,}x\text{ 在 }a\text{ 的右边} \\ -x & \text{当个人不归属任何宗教团体} \end{cases}$$

宗教组织的目标，是使得团体内的个人总效用最大。假设只有一个宗教组织，而且所有人都参加，该组织的效用函数为：

$$\begin{aligned} V &= \int_0^a (y-t(a-x))\,dx+\int_a^1 (y-t'(x-a))\,dx \\ &= y-\frac{1}{2}t'-\frac{1}{2}ta^2-\frac{1}{2}t'a^2+t'a \end{aligned}$$

在宗教组织实现最大化效用时，V对a的一阶导V_a'为0，从而得出组织最佳严格度$a^*=\dfrac{t'}{t+t'}$。

可以非常直观地看出：当$t=t'$时，组织的最佳位置在1/2的中间位置。如果$t>t'$，这对消费者来说，参加一个高于他个人理想严格度的宗教组织的成本更高，他的最佳位置在左边；如果$t<t'$，最佳位置在右边。这符合我们的直觉，即组织需要靠近那些运输成

本（参照霍特林模型的说法）更高的客户。

上面的假设是所有个人都必须参加宗教组织，但如果允许个人不加入宗教组织，这其实就引入了世俗社会（即严格度为0）的竞争。此时，可参加可不参加的无差异点为：

$$y-t(a-x)=-x$$

$$x=\frac{ta-y}{t+1}$$

当个人的理想严格度小于$\frac{ta-y}{t+1}$，人们将不参加宗教组织；只有大于$\frac{ta-y}{t+1}$，人们才参加。此时，宗教组织不再覆盖整个群体，其效用函数亦发生改变。修正后的宗教组织的效用为：

$$V=\int_{\frac{ta-y}{t+1}}^{a}(y-t(a-x))dx+\int_{a}^{1}(y-t'(x-a))dx$$

$$=-(t'-2y+t^2t'+ta^2+t'a^2-ty^2-2t^2y+2tt'-2t'a-4ty-2y^2+2tt'a^2-2t^2t'a+2t^2ay+t^2t'a^2-4tt'a+4tay)/(2(t+1)^2)$$

在宗教组织实现最大化效用时，V对a的一阶导V_a'为0，得出$a^{**}=\frac{t'+t^2t'-t^2y+2tt'-2ty}{t+t'+t^2t'+2tt'}$。

在引入无宗教组织归属这个选择后，a^{**}有可能在a^*的右边，也有可能在a^*的左边。往右边移动，则宗教组织可以降低成员的成本；往左边移动，则可以降低非宗教组织的成员人数。

a^{**}的具体位置取决于这两种力量的博弈，而宗教收益y在其中发挥核心的作用。当$y > \frac{tt'}{t+t'}$，则$a^{**} < a^{*}$；当$y < \frac{tt'}{t+t'}$，则$a^{**} > a^{*}$。这说明在宗教收益较高的时候，宗教组织就会降低严格度，以吸引无宗教组织归属的个人，挤压世俗成员；在宗教收益较低的时候，组织就会提高严格度，以服务有更高严格度的信徒。因此，宗教组织如何回应世俗竞争，取决于宗教商品的价值。

宗教组织降低严格度的过程，见图1.5。

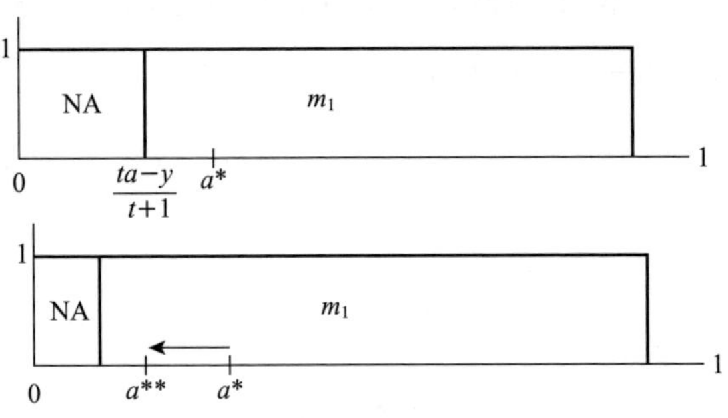

图1.5　宗教组织严格度的降低

图1.5可以解释，当有宗教自由的时候（即人们有选择不加入宗教组织的权利），占支配地位的教会将如何降低严格度来防止人们离开教会。即使人们的宗教偏好不发生改变，仅仅是从强制会员机制变成自愿会

员机制，教会就足以变得更自由。同时，该模型预测，教会在不同地区的表现不同。比如，天主教在与世俗力量竞争时，将会变得更加自由；但是它受到其他宗派的竞争压力时，将会变得更加保守。

二、蒙特利尔模型

蒙特利尔模型致力于阐述宗教多元化和参与率之间的关系。在该模型中，宗教的参与水平是以宗教市场中各教派的成员占比之和来确定。竞争性程度用市场偏序来表示，如果宗教市场i的教派严格地包含宗教市场j的宗教教派，则认为宗教市场i比宗教市场j更具有竞争性。这是一个从区位模型中派生出来的竞争程度新指标，它可以规避赫芬达尔指数的弊端。①

蒙特利尔模型采用“宗教张力”和“努力程度”双维度来表达宗教产品的差异，即宗教的产品属性由两方面决定：一是教派的空间位置，它反映宗教张力（比如与世俗的紧张关系），这是无法改变的属性，可以近似地理解为严格度；二是教派的努力程度，它是容易改变的灵活属性，比如敬拜服务的质量。

设定需求方消费者的个人效用函数为：

---

① Montgomery, J., 2003, “A Formalization and Test of the Religious Economies Model”.

$$U_j(x,e) = -e + e_j - d(x - x_j)^2$$

其中，x为消费者最偏好的教派，x_j为教派j的严格度水平，e为使消费者得到正效用教派所需付出的最低努力水平，e_j为教派j的实际努力水平。所以，e实际上为消费者宗教性的逆向指标，e越小，消费者的宗教性越强。d为单位距离成本。消费者会加入最大化U_j的教派。

在给定每个教派的空间位置和努力程度以及消费者偏好的分布后，就可以得到每个教派的成员规模。在图1.6中，教派j能对处于倒U曲线内部的消费者产生正的效用，教派j吸引消费者的区间在$[x_j - \sqrt{e_j/d}, x_j + \sqrt{e_j/d}]$之间。这即是个人具有最强的宗教性时（即$e=0$时）从教派$j$获得正效用$U_j \geqslant 0$的区间条件。

但是，一个宗教市场中有可能存在其他教派，消费者将不仅选择正的效用，还选择自己最大效用的教派。图1.7说明，市场存在i、j、k三个教派，它们的空间分布关系是$x_i < x_j < x_k$，教派j为了说服消费者加入，不光要给消费者提供正的效用，还要提供比教派i、教派k更高的效用，$[x_{ij}^*, x_{jk}^*]$即为教派j的区位。教派j提高努力程度将挤压教派i和教派k的区位；反过来，教派i或者教派k提高努力程度则挤压教派j的区位。

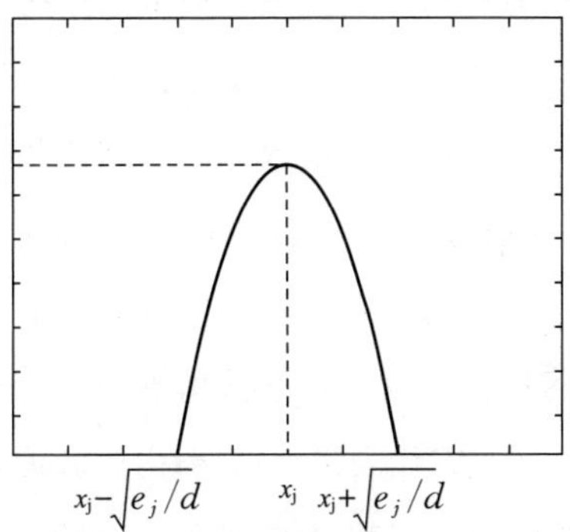

图1.6　教派j的成员曲线

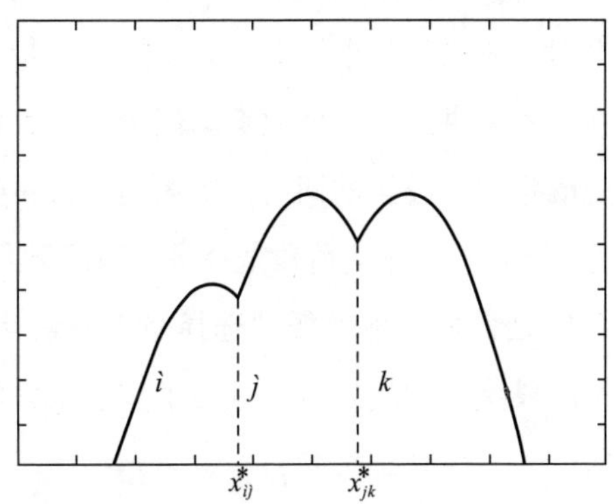

图1.7　教派i、j、k的成员曲线

在检验多元化与参与率之间关系的命题时，“多元化”被视为供给方的变量，通常使用赫芬达尔指数来衡量，它是通过计算不同宗教团体的市场占有率得出。但是，赫芬尔达尔指数并不单纯地受供给方因素（空间位置和努力程度）的影响，也受需求方因素（消费者偏好分布）的影响，所以，需要一个更能反映供给方情况的指标。蒙哥马利采用偏序关系来讨论宗教竞争程度。假设S_i代表宗教市场i内的教派集合，只有当集合S_i严格包含宗教市场j的教派，即S_j（$S_i \supset S_j$），才说明宗教市场i比宗教市场j更有竞争性。

应用偏序关系，从该模型得出第一个结论：若$S_i \supset S_j$，那么宗教市场i的宗教参与率会高于宗教市场j，即竞争性更强的宗教市场中，宗教参与率越高。

现在，考虑供给方如何决策。假设各个教派的空间位置是既定的，教派的两阶段决策是：第一阶段确定是否进入该市场；第二阶段选择最恰当的努力程度，该努力程度是根据其他教派的选择做出的最佳反应。各教派两阶段决策的出发点，是为了实现本教派的效用最大化。

教派首先进行的是第二阶段的选择，即努力程度的选择。在有新教派进入市场的情况下，各教派是提高努力程度还是降低努力程度，取决于它们的效用函数。蒙哥马利假设了两种不同的效用函数，在不同的效用函数下，教派之间会呈现出战略替代和战略互补两种不同的战略选择。战略替代，指的是一个教派的努力增加，其他教派的努力程度会降低；战略互补，指的是一个教派的努力程度增加，其他教派的努力程度亦增加。

教派效用函数为：

$$V_j = m_j - e_j m_j = (1 - e_j) m_j$$

其中，V_j、m_j、e_j分别指教派j的效用、会员规模以及努力程度。每个教派都将选择最佳努力程度以使自己的效用最大化。教派增加努力程度，会降低第一项（$1-e_j$），但会增加第二项（m_j），因此，教派还需要在努力程度和会员规模上做出平衡，以最大化效用。在对具体案例进行运算后，可以发现：各教派的努力程度的均衡解呈现出战略互补性，即新的教派的进入将引起已有的教派提高努力水平。

再回到第一阶段，各教派选择是否进入市场。均衡解就意味着，对每一个潜在进入者效用必须为正。在考虑宗教市场整体人口规模n的情况下，此阶段教派j的效用函数为：

$$V_j n - c = (1 - e_j) m_j n - c$$

其中，c为固定的进入成本。只有$V_j \geqslant c/n$时教派j才会选择进入。在人口规模很小时，没有教派会进入；

当人口规模足够大时，所有的教派都会进入。在此约束条件下，计算两阶段纳什均衡解，均衡解要求对于每个潜在的进入者，如果选择进入则效用为正，如果选择不进入，效用为负，各教派同时决定是否进入，并在给定进入的条件下同时决定努力水平。

通过具体案例计算，该模型得出：在相同人口规模的前提下，存在教派进入的多个均衡解，所以并不能保证人口规模和参与率存在正向的关系，有可能在拥有更多人口的宗教市场，存在更少的教派进入和更低的参与率。但是，比较各个均衡解可以发现竞争性和人口规模存在稳定的关系。

由此，该模型得出第二个结论：如果$S_i \supset S_j$，这说明宗教市场i的人口规模大于宗教市场j的人口规模。如果宗教市场i比宗教市场j的竞争性更强，这说明宗教市场i的人口更多。换句话说，较小的市场不可能比较大的市场更有竞争性。

以上两个模型显示出，运用区位模型来解释宗教行为既兼顾了对供给和需求的解释，又具有足够的灵活性，研究者通过设定不同的消费者效用函数和生产者效用函数，可以构建出多样化的模型来解释宗教市场中的现象。

第四节 有关的争论与质疑

把理性选择或“供给-需求”框架引入宗教研究，总体上是把宗教视为自变量或因变量，并通过调查、统计、数量进行实证分析。[①]应该说，这类研究取得的成果是显著的，形成了微观、中观和宏观三个层面的研究，还有大量的实证研究成果涌现在宗教社会学、社会学和经济学期刊。[②]尤其是关于宗教世俗化的争论，还一度让宗教市场论名声大噪。尽管如此，基于新古典经济学的宗教经济学，从诞生起就面临着各种质疑和批评，这主要集中在研究方法和适用范围上。

一、世俗化的新旧范式之争

至少自启蒙运动以来，大多数西方知识分子一直热切地期待着宗教的死亡，[③]在西方宗教学和宗教社会学界，尤其在20世纪70年代以前，宗教世俗论（secularization thesis）一直占有主导性地位。

---

① Iyer, S., 2016, “The New Economics of Religion”, *Journal of Economic Literature*, 54(2): 395–441.

② Iannaccone, Laurence R., 1995a, “Voodoo Economics? Reviewing the Rational Choice Approach to Religion”.

③ 〔美〕斯达克、〔美〕本布里奇：《宗教的未来》，第1页。

在18世纪，“社会学之父”孔德曾宣布，作为现代化的一个结果，人类社会正在超越社会进化的“神学阶段”，一个新时代正在到来，社会科学将取代宗教成为道德判断的基础。[①]彼得·伯格（Peter L. Berger，又译“贝格尔”）是宗教世俗论的代表人物，他于1969年出版的代表作《神圣的帷幕》的核心论点是：现代化必然导致宗教多元化，宗教多元化会瓦解稳定的宗教信仰，进而导致宗教衰亡。[②]

世俗化进程发生在几个层面：对个人来说，世俗化导致“个人致力于超经验的时间，精力以及资源配置比例会下降”，并将导致“特定的宗教意识逐步被经验的、理性的、工具性的取向所代替”；在个人之外，世俗化导致“宗教机构的衰败”，以及“从宗教到世俗的转变”。[③]在更广泛的现代化理论的框架中，世俗化理论转换为：伴随着工业化、城市化、理性化和宗教多元化进程，宗教必然衰落。[④]

---

① 李向平等：《当代美国宗教社会学理论研究》，中西书局2015年版，第610页。

② 〔美〕贝格尔：《神圣的帷幕：宗教社会学理论之要素》，高师宁译，上海人民出版社1991年版。

③ Wilson, Bryan R., 1982, *Religion in Sociological Perspective*, New York: Oxford University Press.

④ Hadden, Jeffrey K., 1987, “Toward Desacralizing Secularization Theory”, *Social Forces*, 65: 587–611.

然而，对世俗化理论最关键的打击是，它所预测的趋势没有数据支持。越来越多的研究，对过去社会充满了虔诚的宗教活动但当代宗教活动枯竭的说法，提出了质疑。特别是，20世纪70年代以后兴起的宗教市场论，是直接在强烈批判世俗化理论的基础上发展起来的，因此有学者称该理论的出现是宗教社会学领域里的一场范式转变。宗教世俗化被称为宗教研究的“旧范式”，宗教市场论则被称为“新范式”。斯达克、芬克和本布里奇等人是新范式的领军人物。

一方面，他们指出，世俗论命题从一开始就和事实不相符合，在19世纪末20世纪初的美国，城市化和工业化的增长与宗教参与程度的提高是联系在一起的。①数据表明，美国现代化程度的提高与宗教活动的增加相伴而生。②艾纳孔指出，美国宗教的持久活力是昭然若揭的。比如，美国教会成员占比在过去两个世纪的大部分时间里是上升的，从革命时期的17%到19

---

① Finke, R. and R. Stark, 1988, “Religious Economies and Sacred Canopies: Religious Mobilization in American Cities, 1906”, *American Sociological Review*, 53: 41–49.

② Finke, R. and R. Stark, 1992, *The Churching of America, 1776–1990: Winners and Losers in Our Religious Economy*, New Brunswick: Rutgers University Press; Warner, R. Stephen, 1993, “Work in Progress Toward a New Paradigm for the Sociological Study of Religion in the United States”, *American Journal of Sociology*, 98: 1044–1093.

世纪中期的34%再到20世纪90年代的60%；过去150年，每千人中的神职人员一直保持在1.2人左右；美国宗教信仰几乎和教堂出席率一样保持稳定；从1955年至20世纪90年代，教会的捐赠总额一直保持在GNP的1%左右，并一直保持占慈善赠予的一半左右，在1995年大约为640亿美元。①

另一方面，他们指出，并不存在一个过去宗教虔诚的神话，中世纪人们热衷于去教堂完全是出于非宗教目的。②在整个基督教的历史中，城市地区经常是宗教复兴和更正统的宗教行为的中心。③许多研究中世纪宗教的历史学家也普遍认为，西欧从来没有一个“信仰时代”。即使是旧范式的最坚定的倡导者布鲁斯也承认，就组织参与而言，信仰的黄金时代从来就不存在。④

因此，芬克与斯达克指出，当代宗教在全球各地频繁和大规模的复兴，是不容忽视的，从中东和非洲的伊斯兰教到拉丁美洲、东欧和韩国的基督教，宗教

---

① Iannaccone, Laurence R., 1998, “Introduction to the Economics of Religion”.

② 〔美〕斯达克、〔美〕芬克：《信仰的法则》，第77—84页。

③ Stark, R., 1996, *The Rise of Christianity: A Sociologist Reconsiders History*, Princeton: Princeton University Press.

④ Bruce, S., 1997, “The Pervasive World-View: Religion in Pre-Modern Britain”, *British Journal of Sociology*, 48: 667–680.

已被证明与现代性的增长相兼容。他们也指出，虽然新范式并不认为现代性是驱动宗教变革的引擎，但这并不意味着，新范式可以做出宗教将不可避免地提升的预测，以取代旧范式宗教不可避免的消亡的预测。①

面对新范式的挑战，伯格在1997年接受采访时承认："我和大多数其他宗教社会学家在20世纪60年代就世俗化所写的东西是个错误。我们的潜在论述是说世俗化与现代化携手并行。越现代化就越世俗化。它并不是个荒诞的理论，是有些支持的证据的。但是我想它基本上是错的。今日世界上大部分国家确实不是世俗的，而是非常宗教的。"②

二、对研究方法的质疑

对新古典经济方法的质疑，包括理性假设、个体理性与集体理性的协调、个人偏好稳定假设、供需分析框架、适用范围等方面。

（一）对理性假设的质疑

如前所言，宗教经济学的理论前提是个人理性选

---

① Finke, R. and R. Stark, 2003, "The Dynamics of Religious Economies", in Michele Dillion (ed.), *Handbook of the Sociology of Religion*, Cambridge: Cambridge University Press, pp. 96–109.

② 转引自〔美〕斯达克、〔美〕芬克：《信仰的法则》，第97页。

择，虽然它已经被放宽为有限理性，并可以包含一些主观价值选择，但理性选择假设仍然受到广泛质疑。其中，布鲁斯的批评最具有代表性。

布鲁斯认为，理性选择理论中的“理性”对应于韦伯的“工具理性”，他宣称“将理性选择应用到宗教行为的解释，是一种失败”。对于宗教市场论并非只看重工具理性也部分考虑了价值理性，布鲁斯指出，当目标是确定绝对的（拯救和永生）、手段可以被宗教传统清楚地描述时，不论是按照成本与收益或是按手段与目的来衡量，理性的概念是无法切中主题的。因为，更有意义的问题是“我应该做什么才能得到救赎”，而非经济意义上的“救赎对我来说值多少”。①

另外，查维斯也认为，宗教的理性选择假设，即“某个体不管做出何种宗教选择，都反映了一个利益最大化过程”，只是一种空洞的规范描述。②沙罗特在批评理性选择对“价值理性”的忽视时也指出，斯达克把目标的实质性内容（给定的）和不同目标之间的选择（这涉及理性）这两者做出区分，这与他自己提出

① Bruce, S., 1993, “Religion and Rational Choice: A Critique of Economic Explanations of Religious Behavior”, *Sociology of Religion*, 54(2): 193–205.

② Chaves M., 1995, “On the Rational Choice Approach to Religion”, *Journal for the Scientific Study of Religion*, 34: 98–104.

的“理性与目标无关”的观点是矛盾的。[①]

（二）个人理性与集体理性的协调

社会学比较关注集体理性，它偏向于“社会人”假设，因此宗教社会学对理性选择理论的一个质疑是，个人理性如何与集体理性相协调。

班克斯顿三世指出，理性是一个多维度的概念，部分涉及个人理性行动必须结合集体行动及相关背景来理解。在谈论个体和总体层面时，我们虽然都可以使用“理性”一词，但是我们必须注意避免暗示这两个层面是相同的。虽然总体现象产生于个体的决定，但个体的理性选择并不一定导致群体或社会的理性组织。正如个人行为在短期内可能是理性的，而在长期内可能是非理性的一样，个人行为可能是理性的，而群体行为可能是非理性的。他还提出，我们判断一个特定的宗教现象是否理性，取决于我们从个人目标还是集体目标以及特定环境下个体和集体目标之间的联系来判断。这个互动过程是复杂的，彼此联系的，一方面，个人的选择相互影响，并和整体目标相互影响，另一方面，个人选择的差异化程度又和集体结果联系

---

① Sharot, S., 2002, “Beyond Christianity: A Critique of The Rational Choice Theory of Religion From A Weberian and Comparative Religious Perspective”, *Sociology of Religion*, 63(4): 427–454.

在一起。[①]

班克斯顿三世认为，理性至少包括三个主要方面：目的论、手段的系统化和目标的一致性。在这三个维度上，人类的行为都可以用程度来解释。思想和行为可能是为了实现目标，但也是社会化的产物。以目标为目的的计算一般存在于人类事务中，但会因目的不明确、情绪激动和其他影响而减弱。个人会持有一些与其他目标相矛盾的目标。

（三）对个人偏好稳定的质疑

如果说，大多数人还能同意理性选择假设；那么，人们对于个人偏好稳定假设的接受，恐怕就更为困难。莱希纳指出，对于个人偏好的稳定假设，在短期和同质的人群中，可能是真实的，但是作为一个普遍的假设，大多数社会学家认为是不切实际的。[②]因此，批评者认为，这些假设是错误的，因此理性选择理论充其量只能作为一种模型，偶尔做出有用的预测。[③]

---

① Bankston III, Carl L., 2003, "Rationality, Choice, and the Religious Economy: Individual and Collective Rationality in Supply and Demand", *Review of Religious Research*, 45: 155–171.

② Lechner, Frank J., 2007, "Rational Choice and Religious Economies".

③ Spickard, James V., 1998, "Rethinking Religious Social Action: What Is 'Rational' about Rational Choice Theory?", *Sociology of Religion*, 59: 99–115.

布鲁斯也对个人偏好假设提出了批评[1]，他指出，理性选择既不诊断情况，也不评估行为者的偏好，更多是后见之明。理性选择理论标榜行动者采取的特定行动，就是在特定的约束条件下他们偏好的最佳行为；但是，理性选择的观察者在人们做出决定之前，无法直接获得人们的实际偏好。他还指出，人力资本模型中的宗教选择与成本/收益计算，是一种循环解释，因为宗教产品的“效用”是一种社会构建的对象，不同的人有不同的建构方式。所以，除了通过已经做出选择的行为个体的表现之外，人们无法识别其中的成本或收益，但这些选择恰恰是需要理论给予解释的。[2]

（四）对供给—需求分析框架的质疑

在新古典经济学的供需框架中，宗教市场由供给方（宗教组织）、需求方（信徒）和宗教产品（宗教活动）三者组成。但是，班克斯顿三世指出，宗教是非常特殊的。对于宗教信仰来说，它是一种社会性的、集体性地生产出来的产品，是信徒通过互动集体生产出来的，是由那些既是生产者又是消费者的人们之间

---

① Bruce, S., 1999, *Choice and Religion: A Critique of Rational Choice Theory*. New York: Oxford University Press.

② 李向平等：《当代美国宗教社会学理论研究》，第619页。

的相互作用所生产并维持的社会产品。这与新古典经济学中由厂商生产出来的产品，并不一致。对于宗教组织来说，它们和世俗产品的厂商也是不同的，因为厂商可以通过改变产品、服务及理念的方法来迎合消费者，但宗教组织若改变自己产品则会受到极大限制：他们无法轻易改变原有的信条或组织形式。[①]班克斯顿三世还批评宗教市场论单方面强调供给方。他认为，宗教市场论没有考虑人们如何做出选择，而是把个体当成集体产品的消极接受者，这偏离了理性选择理论的中心目标，即解释个体行动和决定如何产生社会结果。[②]

宗教的独特性，还迫使宗教经济学对其供需框架做了不少改进，尤其是把来世回报引入分析框架，以消除纯经济学分析的某些困难。但是，这种改动也未必完美。由于宗教涉及的议题非常广泛，比如宗教信仰、宗教组织、宗教竞争和宗教演化等，因此，对于把理性选择嵌入宗教社会学，莱希纳不无揶揄地说道：这些宗

---

① Bankston III, Carl L., 2002, "Rationality, Choice, and the Religious Economy: The Problem of Belief", *Review of Religious Research*, 43: 311–325.

② Bankston III, Carl L., 2003, "Rationality, Choice, and the Religious Economy: Individual and Collective Rationality in Supply and Demand".

教的“微观基础”会带来许多有趣的含义，斯达克与芬克[①]就提出了99个命题和36个定义来给予阐明。[②]

也就是说，以理性选择的供求框架来解释宗教，很容易出现各种繁复议题。不但如此，理性选择理论还回避回答“宗教是什么”之类涉及宗教本质的问题，它们并没有像旧范式那样去挖掘宗教现象的“真正”原因，而是更关注于寻求宗教现象的宗教原因。[③]在此意义上，莱希纳指出，通过使用一种扭曲的隐喻来暴力对待宗教的“真实”性质的议题，其代价实在太大了。[④]

换句话说，宗教理性选择理论只是一种经济隐喻（economic metaphor），它只是借用一些经济隐喻作为修辞策略，而不是一种新的方法或理论，它不过是通过经济学的术语将已知的宗教知识复述了一遍，既没有真正利用经济学方法来理解宗教，也没有通过这套经济学的修辞术产生任何新的见解。[⑤]

---

① 〔美〕斯达克、〔美〕芬克：《信仰的法则》。

② Lechner, Frank J., 2007, “Rational Choice and Religious Economies”, in James A. Beckford and N.J. Demerath III (eds.), *The SAGE Handbook of Sociology of Religion*, London: SAGE Publications ltd, pp.81–97.

③ 〔美〕斯达克、〔美〕芬克：《信仰的法则》，第41—42页。

④ Lechner, Frank J., 2007, “Rational Choice and Religious Economies”.

⑤ 吴越、卢云峰：《宗教理性选择理论：经济隐喻还是理论建模？》，《开放时代》2022年第1期。

三、适用范围的质疑

在宗教经济学的适用范围上，国内外学界亦存在巨大争议。虽然斯达克与芬克在《信仰的法则》中文版的序言中雄心勃勃地宣称，“如果一个宗教社会学只能适用于西方国家……是愚蠢可笑的。在这部理论著作中我们试图系统阐述能够适用于任何地方的命题——就跟它们足以解释加拿大的宗教行为一样，它们足以解释中国的宗教行为”，但目前看起来，对这一主张存有大量争议。

布鲁斯认为，宗教行为的经济学模式只适用于那种完全世俗化的社会（比如美国），并不适合欧洲国家。[①]沙罗特认为，把理性选择应用于非西方宗教时，就会在概念和理论上出现很多问题。例如，来世回报与超自然存在之间的关系，在应用于东方宗教时就需要修正；在东方国家，垄断主义与多元主义有着与西方不同的含义；国家管制的变化也造成与西方不同的结果。因此，如果要把宗教市场论拓展到西方以外的东方社会，还需要将宗教市场论的主要解释维度及它

① Bruce, S., 1993, “Religion and Rational Choice: A Critique of Economic Explanations of Religious Behavior”, *Sociology of Religion*, 54(2): 193–205.

们之间的关系进行大量的重新概念化工作。[①]

另外，世俗化理论中一度存在“美国例外论”。原因在于，欧洲有国教传统，宗教不曾展开充分的多元化与竞争，由此出现主流宗教的衰退；美国从一开始就实行政教分离的原则，出现了空前多元、竞争激烈的宗教市场，造成了美国宗教的繁荣。对此，斯蒂芬·沃讷说道：“大部分学者，无论是否使用‘新范式’这个概念，都逐渐同意宗教在美国与在欧洲有根本的不同，而后者正是宗教社会学旧的占统治地位的范式的来源。”[②]然而，20世纪以来，最近的一系列的重要数据也显示出美国宗教的衰退。2008年的一项调查表明，与1990年相比，在过去18年中，基督徒占比从86%下降到76%，而且预计还要衰退；很多美国人排斥制度化宗教，有30%的美国人认为自己有“灵性追求”，而无“宗教追求”；无神论者从8.2%上升到2001年的14.1%再到2008年的15%。[③]

---

① Sharot, S., 2002, “Beyond Christianity: A Critique of the Rational Choice Theory of Religion from a Weberian and Comparative Religious Perspective”, *Sociology of Religion*, 63(4): 427–454.

② 〔美〕斯蒂芬·沃讷：《宗教社会学范式及理论的新进展》，《中国人民大学学报》2006年第6期。

③ 魏德东：《宗教社会学的范式转换及其影响》，《中国人民大学学报》2010年第3期。

第二章
基于现代经济学的宗教经济学

上一章提及的对新古典经济学方法论的若干质疑，在极大程度上可以在现代经济学中得到消弭。相对于新古典经济学，现代经济学的各种理想假设则是：个人是有限理性的，信息是不完全信息，偏好也成为目标函数，合作、规范、偏好等都是演化的。这一转换使得人们很少对现代经济学方法论提出质疑，人们的争论通常只针对所研究的问题本身。

运用现代经济学方法来研究宗教，所取得的成果集中在两方面。一是，关于宗教领域的合作和信号机制等内容的研究；二是，与宗教相关的形而上内容的研究，包括道德、伦理、观念甚至语言的起源与形成。值得一提的是，桑塔费研究院（Santa Fe Institute，SFI）致力于跨学科研究复杂系统科学，桑塔费学派的经济学家——如金迪斯（Herbert Gintis）、鲍尔斯（Samuel Bowles）、博伊德（Robert Boyd）、费尔

（Ernst Fehr）等——旨在建立统一的社会科学，他们侧重于对人类行为与演化的研究，其中许多研究都与宗教相关。[①]

第一节　解释合作的宗教经济学

在人类的合作中，尽管个人可能通过合作获得收益，但如果没有对“搭便车”行为进行约束的机制，大规模的群体合作将难以形成。曼瑟尔·奥尔森曾指出，由于参与者可以不支付任何成本而享受到与支付者完全等价的物品效用，搭便车问题会导致集体行动的困境。[②]因此，宗教经济学的一个重要研究方向是，宗教是如何作为信号传递机制和惩罚机制来促进合作的。

一、信号传递机制

信号理论是博弈论的分支，研究的是非对称信息博弈。信号理论的一个基本假定是，每个人掌握的信息都是不完全的或非对称的。这一点和新古典经济学

---

① 董志强：《行为和演化范式经济学：来自桑塔费学派的经济思想》，格致出版社2020年版。

② 〔美〕曼瑟尔·奥尔森：《集体行动的逻辑》，陈郁等译，格致出版社、上海人民出版社1995年版。

关于竞争市场的完全信息假设是不同的。

信号传递机制可以用来研究宗教的合作效应，即宗教是委身的可靠信号，可以回避背叛者，促进积极的合作。[①]实证结果也显示，宗教团体的凝聚力和宗教实践要求之间存在强相关；在世俗团体中，群体团结与代价昂贵的行为之间的相关性要弱得多，或者根本不相关。[②]

（一）宗教是难以伪造的委身信号（sign of commitment）

“囚徒困境”深刻揭示出个人理性与集体理性背离的矛盾。在囚徒困境中，背叛总是最优策略，即不论对方如何选择，个人的最优选择就是背叛，所有参与者都选择背叛就成为均衡。但是，这一均衡对参与者

---

① Irons, W., 2001, “Religion as a Hard-to-Fake Sign of Commitment”, in R. Nesse(ed.), *Evolution and the Capacity of Commitment*, New York: Russell Sage Foundation, pp.292–309; Bulbulia, J., 2004, “Religious Costs as Adaptations That Signal Altruistic Intention”, *Evolution and Cognition,* 10: 19–38; Sosis, R., 2003, “Why Aren’t We All Butterites? Costly Signaling Theory and Religious Behavior”; Sosis, R., 2004, “The Adaptive Value of Religious Ritual: Rituals Promote Group Cohesion by Requiring Members to Engage in Behavior That Is Too Costly to Fake”, *Amercian Scientist,* 92: 166–174.

② Sosis, R. and C. Alcorta, 2003, “Signaling, Solidarity and the Sacred: The Evolution of Religion Behavior”, *Evolutionary anthropology,* 12: 264–274; Sosis, R., 2005, “Does Religion Promote Trust? The Role of Signaling, Reputation, and Punishment”, *Interdisciplinary Journal of Research on Religion,* 1: 1–30.

来说显然不是最优解，因为如果参与者都选择合作的话，每个人的处境都会优化。为解决这一困境，博弈理论发展出重复博弈框架。

在重复博弈中，最佳策略是“以牙还牙”[①]，即第一步采取合作态度，之后的每一步都重复对方之前的一步，即个人以合作奖励过去的合作，以背叛惩罚过去的背叛。但是，这一策略的实施依赖于若干前提：其一，博弈的各参与人正确地了解彼此的行为；其二，博弈的各参与人会选择适当的策略，而且相信他人也会选择适当的策略；其三，参与者具有充分低的贴现率，也就是足够的耐心，看重长期结果及未来收益。但在实际中，有些人的贴现率可能是高的，那些具有高贴现率的人们将不会选择合作，或者根据具体情况至多达成低水平的合作。而对于低贴现率人来说，如果他不知道对方是否具有低贴现率，他们可能也不会合作。因此，信息不对称可能会挫败合作。[②]

正如经济学假定人们对于一般商品和服务具有不同偏好一样，人们也拥有对未来收益价值的不同偏好，合作者拥有低贴现率，机会主义者拥有高贴现率。一

---

① 〔美〕阿克塞尔罗德：《合作的进化》（修订版）。

② 〔美〕波斯纳：《法律与社会规范》，沈明译，中国政法大学出版社2004年版，第23—24页。

个人知道自己的类型，但不知道其他人的类型。合作者偏向于与合作者搭档，并规避机会主义者；机会主义者也偏好与合作者搭档。合作者为了把自己和机会主义者区分开来，需要发出一些“信号”。这些信号只有合作者可以承担得起，而机会主义者承担不起，因此在均衡状态下，所有的合作者都发出信号并互相合作，所有的机会主义者都不发信号且相互搭档或者不与任何人搭档。这样的均衡，就是“分离均衡”。

信号不总是产生分离均衡。如果发出信号的成本降低，机会主义者会混进来，加入发信号的行列，希望其他人推断他们也是合作者。这时便会产生“混同均衡”，也就是不同类型的发送者选择相同的信号，而信号接收者不修正对信号发送者类型的先验概率。换言之，信号是无效的。当然，如果发出信号的成本过高，导致合作者也认为发出信号的成本无法承担，则大家都会停止发送该信号。[①]

信号可以是任何费用高昂的行动，只要该行动能产生分离，或者至少过去实现过分离，或者可以预期现在引发分离。即使信号本身和从事的活动没有关系，只要起到分离作用，它就是有效的。

---

① 〔美〕波斯纳：《法律与社会规范》，第27页。

艾恩斯提出，宗教是最有力的关于委身的信号，因为它是难以伪造的昂贵信号。[①]宗教信号——包括仪式、日常行为、其他宗教符号，分离出委身者和非委身者（即前述合作者和机会主义者），从而让宗教在群体合作中发挥作用。比如，委身中有关诚实对待他人的承诺，将有助于他人在无法监督的情况下仍然信任对方，而这个信任形成互助关系的基础就是宗教仪式中有大量关于道德行为的委身要求——包括不撒谎、不偷不淫、帮助穷人的强制性要求等。绝大部分宗教都要求委身，要求成员成为特定宗教社群的一员并遵守它的伦理规范。大部分宗教都可通过精细的仪式进行表达，这些仪式费时费力费资源，但也提供广泛的机会给社群的成员用以观察其他人对社群的投入程度，这有助于形成更大的和更紧密的社群。尽管无法直接评价其他成员的宗教信仰程度，但这些昂贵的信号可以帮助人们识别那些真正投入社群的人，只有他们才可以在群体归属中实现大于成本的收益。

信号还必须难以伪造才可信。和劳动力市场模型

① Irons,W., 1996, "In Our Own Self-image: The Evolution of Morality, Deception, and Religion", *Skeptic,* 4: 50–61; Irons, W., 2001, "Religion as a Hard-to-Fake Sign of Commitment", in R. Nesse(ed.), *Evolution and the Capacity of Commitment*, New York: Russell Sage Foundation, pp.292–309.

中的教育一样，宗教也被认为是难以伪造的信号。艾恩斯指出，宗教习得的时间很长，伴随人们的成长过程，宗教传统足够复杂，外来者历经数年才能模仿，而且，宗教仪式的精细也提供了大量的机会来相互观察是否真诚。所有这些学习和练习的过程，都是耗费时间且昂贵的。愿意支付这些成本，就是愿意相信宗教教义从而委身宗教团体的信号。对于不相信该宗教的个人而言，这些成本是难以承担的。因此，宗教团队成员的委身和忠诚可以克服集体行动的困境，可以有效地避免或者最小化监督和惩罚成本。假定其他条件相同，信号越昂贵，则团体合作越有效；与此同时，合作的需求越大或者合作的难度越大，宗教将越昂贵（要求越多）。

艾恩斯认为，在整个人类演化过程中，团体间的合作意味着重要的选择优势，在合作效率更高的团队中个人有更多的机会幸存下来，难以伪造的委身信号将有助于合作和集体行动。在此意义上，宗教是自然选择压力下的结果：它有利于接受宗教信念和实践的个人在社会中生存。

该理论的实证研究以索西斯（Richard Sosis）为代表，他检验了宗教是否可作为难以伪造的委身信号而促进团体合作。

索西斯比较了19世纪和20世纪初的乌托邦式的宗教团体和世俗团体的存续时间，在277个乌托邦式的团体样本中，他剔除了19世纪前的样本（乌托邦式的世俗团体在19世纪前并不存在，所以他也剔除了之前阶段的宗教团体），同时剔除了无法判断是宗教还是世俗的团体样本，他还特别地剔除了哈特公社，因为这个宗教团体过于成功，放进分析模型则权重将过大，对整体结果有影响。有效样本最后为88个宗教团体和112个世俗团体。分析结果显示，宗教团体在每个年份存活的概率是世俗团体的2至4倍，这个差异是高度显著的。一个团体是否保持宗教理念，是团体消亡与否的重要预测器。导致团体消失的因素有很多，比如有人格魅力的创始领袖死亡、老一代人的去世、教会或者国家迫害、自然灾害等，索西斯认为这些都只是直接原因，团体消亡的最终原因是信念热情的丧失。强烈的信仰会把成员团结在一起，克服那些导致瓦解的障碍和悲剧；而这些障碍和悲剧会导致不那么虔诚的组织的消失。[①]之前奥韦德的研究也支持了这一论断，尽管各种不同的原因导致了乌托邦社群的瓦解，但是无

---

① Sosis, R., 2000, “Religion and Intragroup Cooperation: Preliminary Results of a Comparative Analysis of Utopian Communities”, *Cross-Cultural Research*, 34(1): 71–80.

论是宗教团体还是世俗团体在瓦解前都经历了意识形态忠诚的缺失。这意味着，遵守意识形态决定一个团体战胜集体行动困境并保持合作的能力。[①]

索西斯与布雷斯勒还进一步检验了两个假说：有着更昂贵要求的团体比那些有着不昂贵要求的团体有更高的存活率；有更昂贵要求的团体，因为无法解决集体行动困境而导致瓦解的可能性更小。昂贵的要求共细分为22个指标（要求或者约束），包括：禁止/限制类事项（各类消费、物质财富、佩戴首饰、与外界交流、赌博）、服装要求、取得会员资格的要求、斋戒、知识体系要求、除一夫一妻外的婚姻形式、独身、大家庭分散居住、父母放弃对孩子的权利、相互的公开批评等等。研究结果表明：宗教团体的昂贵要求超过世俗团体的2倍，世俗团体的消亡概率是宗教团体的3倍；在宗教团体中，昂贵的要求和团体的持续时间呈现显著的正向关系，但是昂贵的要求对于世俗团体的存活时间没有影响；宗教团体因内部纷争和经济失败而消亡的可能性更小，无论是内部纷争还是经济失败，都可以解释为社群不愿合作以及无力解决

① Oved, Y., 1988, *Two Hundred Years of American Communes*, Piscataway: Transaction Books.

集体行动困境。[①]

（二）宗教作为可信度增强显示（CREDs）

亨里奇提出，人们在学习中，除了关注学习对象的口头表达，还会发展出可信度增强显示（credibility-enhancing displays，CREDs），这为学习者提供了一套可信的手段，用以评估学习对象对自己声称的信念的实际信仰程度。[②]

人们并不是无差别地复制其他人的行为，而是通过向成功者学习和向大多数人学习，以快速适应社会。在这一过程中，人们发展出了文化免疫系统，即通过对方的行为来评判信仰或者委身程度。这也就是通常说的，"行动比语言更贵"。因此，行动成为CREDs。

正因为CREDs的存在，可以让昂贵成本的行动成为稳定状态。亨里奇用二分法来表明信仰为0或1，昂贵行动为0或1，然而通过动力模型，可以证明：在文化传播中，在一定的条件下，存在两个稳定的信

---

① Sosis, R. and R. Eric Bressler, 2003, "Cooperation and Commune Longevity: A Test of the Costly Signaling Theory of Religion", *Cross-Cultural Research,* 37(2): 211–239.

② Henrich, J., 2009, "The Evolution of Costly Displays, Cooperation and Religion: Credibility Enhancing Displays and Their Implications for Cultural Evolution", *Evolution and Human Behavior,* 30: 244–260.

仰-行动均衡点。一个是无成本的均衡点，即信仰-行动为0，群体里每个人都持有0信仰，也没有任何人会采取昂贵的行动。另一个是昂贵的均衡点，即信仰-行动均为1。

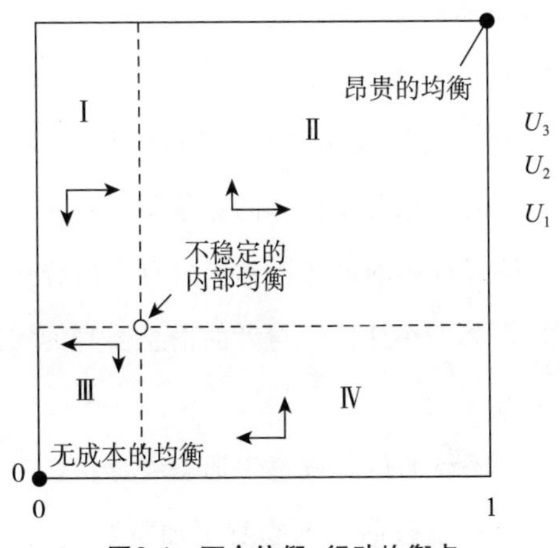

图2.1　两个信仰-行动均衡点

在昂贵的均衡点上，群体是受益的，可提高群体的竞争力。首先，如果CREDs本身就是亲社会或合作的行动，它们可以提高团体的竞争力，比如，救济穷人是信仰安拉的一种CREDs。其次，如果行动是惩罚非合作行为，那么它们就可以稳定合作，给群体带来利益。再次，昂贵的做法本身可能不会给群体带来任何好处（比如划伤或文身），但是它们可以提升和稳定其成员对集体意识形态的坚定承诺，这种意识形态有利于群体获益的战争合作、自我牺牲、勇敢等行为的出现。比如，昂贵的仪式有利于传递对美好来世信仰的高度承诺，该承诺可以让个人向敌人发起冲锋，在瘟疫期间救助病人。那些采取昂贵的行动来促进群内合作信念的CREDs群体，经由群体间竞争，其信念将比其他群体得到更广泛的传播。换句话说，有利于合作的文化可由群体间竞争得到强化，所以群体间竞争偏好这样的群体：它们持有群内合作以及群外竞争的信念，并且让参与者的信念委身的实践（仪式）最大化。

与世俗团体的信念或意识形态委身相比，昂贵的行动对于保持宗教信念的委身更加重要，原因在于：其一，宗教信念常常包含反直觉的概念，只用言语很难让人信服，需要启用昂贵的行动来形成CREDs。其二，宗教的超自然概念难以用真实世界的事件或者经验证伪，而世俗信念可以或者部分可以证伪，所以委身世俗团体的程度更容易受到真实事件结果的影响。其三，宗教信念一旦被深度委身，在刺激合作上的力量将比世俗信念可能要强大，因为超自然主体可以全面监督并动员信徒，这一点是世俗主体无法做到的。

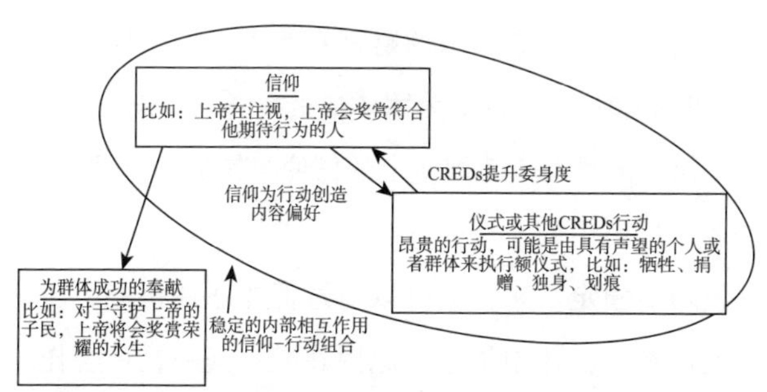

图2.2　有利于群体利益的行动、信仰和CREDs的关系

图2.2列示了有利于群体利益的行动、信仰和CREDs的关系。增强人们委身的仪式通常会采用以下方式：通过较年长、更有声望的以及更成功的成员发出关键的声明；由专业神职人员来实施顺从传播（即复制最常见的行为）；用昂贵的象征性标志把团体成员和其他团体区分开来；通过跟随音乐、节奏和同步性来增进团结；展示只有坚定的信徒才会参与的行动。

尽管昂贵的行动确实能提供强有力的CREDs，但并非所有的CREDs都是昂贵的。[①]比如，来自信赖的朋友或者受人尊敬的人物的见证并不昂贵。另外，有一些昂贵的行为和特定个人无关，但是与团体有关，比如修造大型宗教建筑，工程越精细，建造成本越高，

① Mcbride, M., 2023, *An Economic Approach to Religion*, pp.99–100.

需要大量会众捐赠大量的财富和精力，除了标志该团体的财富和成功，这成为团体成员委身的标志。

昂贵的均衡点（即坚定的信仰与昂贵的行动组合）是多个均衡中的一个，它会带来群体的合作利益。一旦该均衡稳定下来，就可以通过群体选择机制，使这一特征在多群体中扩散。原因在于：其一，该合作群体拥有更高的技术、军事和经济的优势，能够在人口上具有更大优势；其二，其他群体将会模仿这种合作方式。

（三）相关质疑

宗教的信号理论面临的第一质疑是：为什么昂贵的信号在相互作用紧密的人群中仍然需要定期重复？而在互动频繁的情况下，声誉机制和惩罚机制已经可以在保证信号可靠性的同时降低信号成本。[①]对此的一个可能的解释是，宗教的昂贵信号更多的是向非紧密人群发送，比如互动较少的住在不同地方的同一团体的人员，或者非同一团体的人员。然而，没有更多数

---

① Sosis, R., 2006, “Religion Behavior, Badges, and Bans: Signaling Theory and the Evolution of Religion”, in P. McNamara (ed.), *Where God and Man Meet: How Brain and Evolutionary Studies Alter Our Understanding of Religion, Vol.1: Evolution, Genes, and the Religious Brain,* Westport: Greenwood Publishing Group, pp.77–102.

据支持这种解释。

默里与摩尔认为，宗教信号不满足稳定演化的条件，因为有可能存在其他无成本的信号。他们提出，合作的信号在演化中稳定需要四个条件：信号成本必须是适应度成本或者感知的效用成本；不同属性的人有不同的净收益；信号和合作意图本身有相关性；没有可替代的，具有同样效用的稳定的无成本信号机制可供选择。但宗教不符合第四个条件。[①]

至少在四种情况下，会出现无成本信号传递，分别是：信号本身和属性直接相关（所以称之为“指示信号”）；信号发出者和接受者的利益是相同的或者是趋于一致的；第三方会对欺骗性信号发出者给予严厉惩罚，伪造信号会降低未来的合作机会，以至于发出伪造信号将带来长期净损失。默里与摩尔认为，无成本的有效信号会在宗教中出现。

比如，布里布利亚和索西斯都提到情绪的指示信号作用，认为情绪是意识不能控制的，情绪将动机与生理反应联系在一起，能直接体现信仰和委身程度，

---

① Murray, M.J and L. Moore, 2009, “Costly Signaling and the Origin of Religion”, *Journal of Cognition and Culture*, 9: 225–245.

但是情绪可以是无成本的。[①]另外一些研究认为，那些本质上与内在倾向相关的自动形成的表现，而非有意识的展现，能更好地体现宗教信仰和委身的真实性。[②]在重复互动的小团体中，彼此建立了信任关系，伪造昂贵信号不会带来收益，所以不需要花费大量精力来发出体现合作的信号。在宗教中往往存在强大的第三方惩罚机制，这会导致无成本信号传递，所以不昂贵的诚实信号就不可持续的说法在宗教里是缺之理论依据的。

另一个质疑则来自信号成本的模糊性。[③]难以伪造的信号、昂贵的信号和诚实的信号经常互用，在信号机制上为同一概念，但诚实的信号也可以不昂贵。信

---

① Bulbulia, J., 2004, "Religious Costs as Adaptations That Signal Altruistic Intention", *Evolution and Cognition*, 10: 19–38; Sosis, R., 2006, "Religion Behavior, Badges, and Bans: Signaling Theory and the Evolution of Religion", in P. McNamara (ed.), *Where God and Man Meet: How Brain and Evolutionary Studies Alter our Understanding of Religion, Vol. 1: Evolution, Genes, and the Religious Brain*, Westport: Greenwood Publishing Group, pp.77–102.

② Bulbulia, J., 2009, "Charismatic Signaling", *Journal of Religion and Culture*, 3: 518–551; Schloss, J., 2009, "Evolutionary Theories of Religion: Science Set Free or Naturalism Run Wild?", in Schloss, J. and M. Murray (eds.), *The Beliving Primate: Scientific, Philosophical and Theoolgicak Perspectives on the Origin of Religion*, New York: Oxford University Press, pp.1–15.

③ Potz, M., 2023, "Costly Commitment under His Eye: Reconceptulizing the Costly Signaling Theory of Religion", *Theory of Religion Journal of the American Academy of Religion*, 90: 599–617.

号机制的核心点是，不同人发出信号的成本不同，才会导致信息的有效性不同，但是在宗教信号上，真正的信徒受到了超自然补偿的激励，才会承担这些成本。

针对上述质疑，洛伦萨扬与谢里夫总结道：数学模型质疑了昂贵信号机制在宗教中作为个人最大化适应策略延伸到集体合作的可能性，昂贵信号模型在宗教的应用还处在起步阶段。[①]

二、惩罚机制

（一）关于惩罚机制

确保群体合作的持续性是一件相当困难的事情。理论上，在重复博弈下，如果是无限次博弈且参与方都有足够耐心，就能达成持续合作。但是，如果一方预期博弈将结束，或者贴现率将发生改变，就会触发背叛行为。特别是，在多人互动的群体性活动中，合作的条件更为严格。即使有很高的概率进行重复博弈，在n个人的公共品博弈中，个人也很难实施“以牙还牙”的策略或互惠利他行为来保持合作。[②]

---

① Norenzayan, Ara and Azim F. Shariff, 2008, “The Origin and Evolution of Religious Prosociality”, *Science,* 322:58–62.

② Bowles, S. and H. Gintis, 2004, “The Evolution of Strong Reciprocity: Cooperation in Heterogeneous Population”, *Theoretical Population Biology,* 65(1): 17–28.

在重复多次进行的社会困境的实验中，群体往往一开始处于整体的高水平合作状态，但除非群体内只有少数搭便车者，否则合作就会衰退至非常低的水平，因为热心的合作者试图报复搭便车者，而在博弈中唯一可行的报复办法就是不再做贡献。[①]但是，如果参与者可以惩罚搭便车者，而不是仅仅拒绝合作，合作的水平就能够得到维护。大量的实验，都证明了这点。[②]

然而，尽管惩罚对合作的重要性如此之大，但也不是万能的：惩罚通常代价巨大，为了维持惩罚制度，团体成员要付出资源来发现和惩罚不合作的人；惩罚机制容易滋生腐败；任何惩罚制度都依赖于背叛检测机制，如果有惩罚制度，背叛者就会找到越来越复杂的方法避免被发现，这导致成本进一步上升，只能不断升级来发现更狡猾的背叛者。特别是，任何惩罚都面临“二阶搭便车”问题[③]，即让其他人去惩罚搭便车者，自己坐享惩罚的好处，不承担惩罚的成本。实施

---

① Fehr, E. and S. Gächter, 2002, “Altruistic Punishment in Humans”, *Nature*, 415: 137–140.

② 〔美〕鲍尔斯、〔美〕金迪斯：《合作的物种》，张弘译，浙江大学出版社2015年版，第34—35页。

③ Johnson, D., P. Stopka and S. Knights, 2003, “The Puzzle of Human Cooperation”, *Nature,* 421: 911–912; Panchanathan, K. and R. Boyd, 2004, “Indirect Reciprocity can Stabilize Cooperation Without the Second-Order Free Rider Problem”, *Nature,* 432: 499–502.

惩罚是有成本的，除了消耗时间和精力外，还承受可能的报复风险，相对于惩罚性合作者来说，纯粹合作者就是一个二阶搭便车者（second-order free riders）。对此，科尔曼总结说："我们现在需要用对惩罚的解释来取代对合作的解释。"[①]

围绕着二阶搭便车的困境，存在几种解决途径。[②]其一，由外部机构进行惩罚；其二，假设惩罚是无成本的；其三，不仅惩罚背叛者，也惩罚那些拒绝惩罚者。但是，这三种途径都不能令人满意。外部机构在当今社会可能是有用的，但是无法解释在没有国家和机构之前的社会中就广泛存在合作；考虑到时间和精力以及可能的报复，无成本惩罚并不现实；不断的惩罚只会把搭便车问题引向高阶，无穷无尽。

在上述三条路径之外，还有第四条途径是，群体中存在一些利他惩罚者[③]，并通过群体选择进行传播。原因在于：其一，由于群体间竞争的压力，利他惩罚者

---

① Colman, A., 2006, "The Puzzle of Cooperation", *Nature*, 440: 744–745.

② Henrich, J. and R. Boyd, 2001, "Why People Punish Defectors: Weak Conformist Transmission can Stabilize Costly Enforcement of Norms in Cooperative Dilemms", *Journal of Theoretic Biology*, 208: 79–89.

③ Fehr, E. and U. Fishbacher, 2003, "The Nature of Human Altruism", *Nature*, 425: 785–791; Fehr, E. and S. Gächter, 2002, "Altruistic Punishment in Humans", *Nature*, 415: 137–140.

作为提高群体收益的方式，可以通过群体选择的力量得以稳定；其二，利他惩罚本身就是一个信号，表明信号发出者是高质量的伴侣或合作方，因此利他惩罚者可以从中获益；其三，由于收益偏好传播（复制最成功的个人）和顺从传播（复制最常见的行为）机制，只要存在有限阶段的惩罚，顺从传播可以通过稳定惩罚实现稳定合作。[①]

在上述的利他惩罚研究中，惩罚和合作行为能够成功演化，都要求惩罚者能够低成本对背叛者进行严厉的惩罚，即惩罚行为本身对背叛者造成的伤害大于惩罚者为此付出的成本。[②]另外，上述研究还潜在假设了利他惩罚者并不期待回报，更不用说他们是否愿意在现实生活的非匿名背景下进行惩罚。[③]所以，我们仍然需要回答，在人类演化过程中，在没有法律和制度的情况下，也不满足明显的利他惩罚的激励情况下，

---

① Boyd, R., H. Gintis, *et al.*, 2003, "The Evolution of Altruistic Punishment", *Proceedings of the National Academy of Sicence of the United States of America*, 100(6): 3531–3535.

② 韦倩：《增强惩罚能力的若干社会机制与群体合作秩序的维持》，《经济研究》2009年第10期。

③ Burnham, Terence C. and Dominic D. P. Johnson, 2005, "The Biological and Evolutionary Logic of Human Cooperation", *Analyse* & *Kritik*, 27(1): 113–135; Johnson, D., P. Stopka and S. Knights, 2003, "The Puzzle of Human Cooperation", *Nature*, 421: 911–912.

早期人类社会是如何通过对背叛者产生可置信的惩罚威胁而建立合作的。[①]

宗教的超自然惩罚机制，或许可以回答这个问题，因为超自然惩罚可以避开经典理论的相关问题。[②]首先，在宗教的超自然惩罚机制中，不存在二阶搭便车问题（超自然主体被想象成管理惩罚）；其次，其他群体成员不需要成为自发维护秩序的人，不需要冒着可能破坏未来合作的报复风险；再次，（相信）背叛者会自动被抓住；最后，（相信）背叛者会自动被处罚，行动本身就触发处罚。在上述意义上，超自然惩罚可以为人类合作的研究提供一个新思路。

（二）超自然惩罚理论（Supernatural Punishment Theory）

惩罚在合作中具有重要的地位，这是经济学、博弈论和演化生物学达成的共识。除非背叛者受到惩罚，否则合作没法进行。理想的惩罚是不需要惩罚成本的，或者只需要很少的成本，不存在腐败的可能性，并且

---

① Johnson, Dominic, 2005, “God’s Punishment and Public Goods: A Test of the Supernatural Punishment Hypothesis in 186 World Cultures”, *Human Nature,* 16: 410–446.

② Johnson, Dominic and Jesse M. Bering, 2006, “Hand of God, Mind of Man: Punishment and Cognition in the Evolution of Cooperation”, *Evolutionary Psychology,* 4: 219–233.

所有背叛都能被发现。需要注意的是，把超自然主体作为理想的惩罚的一个来源引入理论框架时，超自然惩罚是否真实发生并不重要，只要它有威慑作用，人们对它有恐惧并且根据它修正自己的行为，就可以起到作用。[①]

约翰逊与克鲁格提出一个超自然惩罚假设，认为宗教可以通过三种互补机制提供一种实施惩罚的合作系统，且能够避免二阶搭便车问题。这三种互补机制是：（1）宗教传统、禁忌和神话提供了“法律”依据，它们规定对与错，定义行为规范，促进合作；（2）宗教提供超自然惩罚来执行这些规范（无论是今世还是来世），它只要成为一个信念，就可以在现实中具有威慑力。社会学家托马斯（Willian I. Thomas）的格言是，“如果人们将情况定义为真实的，那么它们的后果也是真实的”；（3）对无视规范的人还辅之以公开谴责和团体排斥，后者是十分严重的威胁。[②]

超自然惩罚在人类社会普遍存在，宗教信仰是所有已知人类社会的普遍特征。默多克研究了数百个社

① Johnson, D., 2005, “God’s Punishment and Public Goods: A Test of the Supernatural Punishment Hypothesis in 186 World Cultures”, *Human Nature,* 16: 410–446.

② Johnson, D. and O. Krüger, 2004, “The Good of Wrath: Supernatural Punishment and the Evolution of Cooperation”, *Political Theology,* 5(2):159–176.

会后寻找了67个共同点，其中就有合作劳动、宗教仪式和超自然主体的安慰。特别是，对无视规范的行为进行惩罚是全世界宗教的共同之处，人们都对背叛者违背公平的举止持有强烈的敌意情绪。[①]

贝林指出，超自然惩罚机制能够发挥威慑作用的条件是：个体具备把负面生活事件归因到超自然主体身上的能力，认为超自然主体有直接的理由使得这些事件发生。[②]由于语言和心智系统的发展，人们通过意向性系统获得的归因能力对于预测和利用各种信息具有强大的优势，并在长期演化的过程中形成一个思维定式：事件是对行为的反应。尤其是，那些代价昂贵且令人难忘的不幸事件，可能会刺激人们寻找因果关系，以避免再次发生。即使对于随机的自然事件，比如干旱或者疾病，人们也会认为事出有因。

默多克对186个前工业社会进行分析，发现这些社会都将疾病归因为某种超自然主体。在人类不能理

---

① Murdock，G. P., 1945, “The Common Denominator of Cultures”, in Linton, Ralph (ed.), *The Science of Man in the World Crisis*, New York: Columbia University Press, pp.123–142.

② Bering, J.M., 2005, “The Evolution History of an Illusion: Religious Casual Beliefs in Children and Adults”, in Ellis, B and D. Bjorklund (eds.), *Orgins of the Social Mind: Evolutionary Psychology and Child Development*, New York and London: Guilford Press, pp.411–437.

解或接受很多事情的时候，超自然主体就成为一个合适的归因。全世界各地的宗教都以不同方式强调惩罚，宗教对背叛的惩罚不仅是现世的，在很大程度上还在来世进行。宗教常常会用炼狱、地狱、业力等工具，惩罚来世。①

超自然主体既有惩罚，也有奖励。但是，奖励也许可以鼓励人们合作，却无法阻止他们背叛。合作不能单纯依靠奖励，哪怕数额很大。②最近的一些研究在以下几个方面也证明了负面的超自然惩罚对人们的影响超过了正面的超自然激励：（1）超自然惩罚对不公平行为的制裁，要显著超过世俗惩罚；（2）那些视神为“惩罚而非爱”的人，背叛的可能性更小；（3）人们更容易将恶行而非善行，归因于超自然。心理学上有两个偏向，一是人们更倾向于将负面事件归因，另一个是人们更注意并且更多地受负面信息和事件的影响。这些都意味着即使宗教里同时强调奖赏和惩罚，人们还是会特别倾向于关注惩罚。③

---

① Murdock, G. P., 1980, *Theories of Illness: A World Survey*, Pittsburgh: University of Pittsburgh Press.

② Johnson, D. and O. Krüger, 2004, "The Good of Wrath: Supernatural Punishment and the Evolution of Cooperation", *Political Theology*, 5(2):159–176.

③ Johnson, D., 2011, "Why God Is the Best Punisher", *Religion, Brain & Behavior*, 1(1): 77–84.

约翰逊还用错误管理理论[①]来解释，为什么人们的思想和一举一动会受到超自然力量的监视、判断和潜在惩罚的这种观念，会在人类社会具有普遍性。原因就在于，这种理念会获得演化优势。演化进程偏向于以最低成本来避免严重错误的策略，尽管超自然惩罚的理念会付出代价，它限制了行动自由和自私行为，但是有助于避免更严重的错误。例如，我们有时会误认为棍子是蛇，这是无害的；但从来不会认为蛇是棍子，这可能是致命的。如果假阴性错误（如以为自私行动是秘密的而被抓）的成本高于假阳性错误（以为会被发现而失去了自私行动带来的利益），那么夸大被发现的概率就可以避免最严重的错误。错误管理理论认为，避免被发现的最佳解决方案就是高估被发现概率的机制。[②]

---

① 错误管理理论（error management theory）是哈瑟尔顿与巴斯提出的一个心理学理论。该理论的核心观点是，某些类型的判断错误比其他错误的生存和繁衍代价要低。因此，如果错误是不可避免的，那么在进化过程中，对那些导致较低代价错误的认知偏见可能会得到保留。Haselton, Martie G. and David M. Buss, 2000, "Error Management Theory: A New Perspective on Biases in Cross-Sex Mind Reading", *Journal of Personality and Social Psychology*, 78(1): 81–91.

② Johnson, D., 2009, "The Error of God: Error Management Theory, Religion, and the Evolution of Cooperation", in S. Levin (eds.), *Games, Groups, and the Global Good*, Berlin and Heidelberg: Springer.

（三）策略比较

约翰逊与贝林发展了一个简单模型，比较了三种策略的收益：一种是远古时代的，一种是马基雅维利式的，一种是敬畏上帝的。[①]

在远古时代，因为没有发展出复杂的意向性系统，人们的合作范围比较小，无法利用意向性系统为个人谋取利益，它的收益最低。对马基雅维利式的人来说，由于没有超自然惩罚信念，他们只要感觉不会被发现就会采取自私行为。对敬畏上帝的人来说，当惩罚的总预期成本超过自私奖励机会的收益时，他们可以获得最高收益（即使是无神论者，勒纳的一系列实验也表明，人们倾向于预期当自己做错事的时候会在随后的生活事件中得到惩罚，即"恶有恶报，善有善报"[②]）。以上情况，见表2。

有趣的是，人们如果认为不被发现而采取行动时，常常是低估了被发现的概率和后果，这点可被罗宾逊与戴利的研究证实。该研究发现，潜在的犯罪者总是

---

① Johnson, D. and Jesse M. Bering, 2006, "Hand of God, Mind of Man: Punishment and Cognition in the Evolution of Cooperation", *Evolutionary Psychology*, 4: 219–233.

② Lerner, M.J., 1965, "Evaluation of Performance as a Function of Performer's Reward and Attractiveness", *Journal of Personality and Social Psychology*, 1: 355–360.

低估被抓的可能性，并低估惩罚的后果。[①]

策略	意向性系统是否存在	能利用意向性系统为个人谋利吗	被发现的概率(p)	被惩罚的成本(c)	失去机会的成本(m)	收益
远古时代的	没有	没有	高	同样	没有	最低
马基雅维利的	有	有	高	同样	没有	最高(如果pc<m)
敬畏上帝的	有	有	低	同样	一些	最高(如果pc>m)

表2　三种策略的收益

但是，人们为什么要引入超自然惩罚，而不直接采取谨慎的行动策略呢？约翰逊认为，错误行动管理的重点在于高估被发现的可能性，超自然主体的注视和惩罚是一种很好的方式，来保证个人会系统性地高估被发现和惩罚的风险。[②]从经济性角度，由于超自然主体可以时刻关注并随时发现人们的错误，对超自然主体的敬畏要比人类的监管更便宜而且更有效率。从历史性角度，超自然的信念很容易获得，而且人们本身就有归因的倾向。从演化的角度，对超自然主体惩罚的敬畏可能会获得更大的生存优势，经验数据表明宗教团体比世俗团体的存活率更高。因此，超自然惩

① Robinson, P. H. and J. M. Darley, 2004, “Does Criminal Law Deter? A Behavior Science Investigation”, *Oxford Journal of Legal Studies,* 24: 173–205.

② Johnson, D., 2009, “The Error of God: Error Management Theory, Religion, and the Evolution of Cooperation”, in S. Levin (eds.), *Games, Groups, and the Global Good*, Berlin and Heidelberg: Springer.

罚的信念可以在两个方向提升整体合作水平：一是增加合作收益；二是减少背叛带来的成本。

研究者设计了若干实验来体现对超自然惩罚的畏惧和行为之间的关系。贝林的研究显示，即使在很小的时候，如果让孩子们相信一个超自然主体在注视他们，孩子们也倾向于更加遵守规则。在一个实验中，孩子们被告知不能往盒子里头看，盒子里有一份奖品，如果不看就猜出它是什么，孩子们就能获得奖品。然后，让孩子们单独在房子里。有一部分孩子被告知有一个隐形公主——爱丽丝在看着他们，另一部分则没有被告知这个信息。得到这个信息的孩子偷看盒子的次数，明显少于后者。即使作弊，前者也比后者要忍耐更长时间才去作弊。①成人受试者也有类似的倾向，当部分受试大学生被漫不经心地告知，在实验房间里看见过死去学生的鬼魂，这些受试者在实验中作弊的可能性就更低。②

（四）质疑

施洛斯与默里总结了对超自然惩罚的几个质疑及

① Bering, J.M., 2005, "The Evolution History of an Illusion: Religious Casual Beliefs in Children and Adults", in B. Ellis and D. Bjorklund (eds.), *Orgins of the Social Mind: Evolutionary Psychology and Child Development*, New York and London: Guilford Press, pp.411–437.

② Norenzayan, A. and Azim F. Shariff, 2008, "The Origin and Evolution of Religious Prosociality", *Science*, 322:58–62.

其回应。[①]

质疑一：超自然惩罚的信念是否有助于形成适应性、低成本、稳定的合作群体。即使我们有对超自然惩罚的恐惧，但一旦有人背叛却没有受到超自然惩罚，背叛者（和其他人）可能就会认为神灵是可以愚弄的，神灵不并关心个人的行为，甚至是不存在的。如果宗教的成功依赖于超自然惩罚的控制力，那一定是短命的。

对此有两种回应。其一，虽然宗教可能促进合作，但是它的起源和有效传播也许并不以这种收益和可信的惩罚作为基础，宗教可能是作为认知的副产品而出现，随后持续存在并带来合作利益；其二，超自然惩罚很大程度上是无法证伪的，因为惩罚是在来世实现，而且人类有天生的倾向，会在不幸发生时归因于超自然惩罚或者属灵的诅咒。此外，宗教体系包含各种修正，这些修正可以在面对证据削弱时维持信仰。

质疑二：在行为被观察时，人们就有进行合作的普遍倾向，但是超自然主体的观察是否会增加这种合

---

① Schloss, Jeffrey P. and Michael J. Murray, 2011, "Evolutionary Accounts of Belief in Supernatural Punishment: A Critical Review", *Religion, Brain & Behavior,* 1(1): 46–66.

作倾向呢？即使不是超自然主体，当人们受到暗示，甚至是在中立观察者的监视下，他们的行为也会倾向于遵从社会规范。在一个观察者效应的实验中，研究者发现，在捐赠箱子上放置眼睛图像时，人们奉献的金额明显增加。[①]另外一个实验也表明，尽管受宗教概念启发的受试者表示出了更强的捐赠意愿，但是世俗的、道德化的概念（比如警察和陪审团）也同样会促进亲社会行为。[②]

对此的回应是，人们在实验中的表现和真实生活，特别是在面临重大抉择时，其表现是不同的。相比之下，索西斯与布雷斯勒对宗教团体和世俗团体寿命的分析更有说服力，该研究表明，宗教团体表现出比世俗团体更强大的团结力和更长的生命时间。[③]另外，只有监控是无用的，还要有惩罚威慑。相比世俗机构，超自然主体具有无与伦比的检测能力，而且可以给予更严厉的惩罚。这种惩罚比人类可能施加的任何尘世

---

① Bateson, M., D. Nettle and R. Gilbert, 2006, "Cues of Being Watched Enhance Cooperation in a Real-World Setting", *Biology Letters,* 2(3): 412–414

② Norenzayan, A. and Azim F. Shariff, 2008, "The Origin and Evolution of Religious Prosociality", *Science,* 322: 58–62.

③ Sosis, R. and R. Eric Bressler, 2003, "Cooperation and Commune Longevity: A Test of the Costly Signaling Theory of Religion", *Cross-Cultural Research*, 37 (2): 211–239.

惩罚都更严重，而且是无限的惩罚。

质疑三：如果说超自然惩罚的机制是通过高估被发现的风险，从而避免做出自私行为的话，那么更世俗的声誉机制似乎也可以发挥这个作用，因为声誉机制促进了间接互惠而使人们获益，故可以抑制人们的自私行为。

对此的回应是，声誉机制并不足够评估惩罚的风险，因为声誉机制只在小群体才能充分发挥作用，群体小到可以在潜在的合作伙伴中可靠地传达声誉信息。

第二节　宗教的起源与形而上问题

以上从信号传递机制、惩罚机制和规范内化机制三个方面，解释了宗教在人类合作中发挥的功能。很大程度上，这些解释已经部分讨论到了宗教的内涵与本质，比如宗教的起源问题以及宗教的道德伦理、意识形态等形而上问题。但除此之外，还有不少其他研究（尤其是演化博弈理论），更直接地讨论了宗教的起源和宗教的形而上问题，这里对此略做介绍。

一、宗教的起源

宗教促进群体内合作的能力，被视为宗教起源的主要驱动因素。[①]但是，确定宗教何时首次在人类群体中出现是困难的，因为我们无法完美地重现宗教首次出现的条件，而且随着新证据的发现，学术结论在不断变化。当今可用的最佳证据，可将宗教的出现追溯到3万年到7万年前的某个时间。这个时间有助于我们理解最早的宗教形式、它与道德的联系以及宗教对人类早期进化的作用。[②]

没有证据表明，前智人物种相信超自然存在，参与规范化仪式或持有神圣的观念。他们虽然存在一些合作形式（比如合作共享肉类和合作生育），但是他们似乎没有宗教信仰。只有在智人时代，宗教才出现了最早的形式，并且它可能通过促进智人居住的小群体之间的合作，促使智人扩散到世界各地。早期智人以狩猎采集为主，生活在由15到100名有血缘关系和无血缘关系的成员组成的小群体中，他们的社会规范强制推行经济和社会平等。这种小规模的平等团体，没有正式领导，成员也是流动的，社会规范对于维持群体的社会合作至关重要。这种群体里并没有强制执行亲

① Steadman, L. and C. Palmer, 2008, *The Supernatural and Natural Selection: The Evolution of Religion,* Boulder: Paradigm Publishers; Wilson, D., 2002, *Darwin's Cathedral: Evolution, Religion, and the Nature of Society,* Chicago: University of Chicago Press.

② Mcbride, Michael, 2023, *An Economic Approach to Religion,* p. 295.

社会行为的正式机构，他们的亲社会行为的实施完全依赖于群体成员识别和惩罚违反规范者的努力。有证据表明，宗教可能扩大了他们的社会合作的范围，从而促进了拥有宗教的群体的演化适应性。[①]

（一）原始宗教形式可以增强社会合作并具有演化优势

麦克布莱德指出，原始宗教主要有三种形式，即万物有灵论、祖先崇拜和萨满教，归根结底，它们之所以能够在出现之初就得到广泛传播，是因为它们提供了演化上的优势，即加强了宗教同道之间的合作。这些宗教形式有助于在群体中创造、维持和促进合作规范，从而提高宗教参与者的演化适应性。[②]

对于万物有灵论来说，它把非人类的自然世界带入人类社会生活，可以起到约束人类自私行为的作用。个人（家庭）的自私行为会导致更多地开采自然资源（如猎杀更多动物），而这样做会危及整个群体的未来生存，因此，决定开采多少自然资源是一种囚徒困境。此时，万物有灵的观念和仪式，在促进克制和分享的亲社会规范方面，发挥着重要作用。

对于祖先崇拜来说，对已故祖先的崇敬和尊重

① Mcbride, Michael, 2023, *An Economic Approach to Religion*, pp. 295–296.

② Mcbride, Michael, 2023, *An Economic Approach to Religion*, pp. 297–301.

（包括精心埋葬死者的尸体和祭奠死者），可以让祖先在维持社会和谐方面发挥重要作用。一般而言，祖先通过为生者中的亲社会行为提供额外激励和惩罚违反社会规范的成员，可以鼓励群体成员之间的社会合作，还可以增加群体成员间的交流，减少暴力。

对于萨满教而言，萨满专家在与神灵领域的互动实践中，可以获得知识来造福社区。萨满巫师通常要接受多年的训练，学习与神灵领域交流的正确和最有效方法，他们可能会与死去的祖先交流以了解他们的愿望，会在狩猎远征前咨询祖先和动物神灵以了解最佳狩猎地点，会被要求代表正在患病的成员与祖先交流以了解患病是否是违反了社会规范的结果。如此，萨满在促进群体成员之间的协调与合作以及促进社会规范方面发挥着重要作用。

因此，这些早期宗教形式的演化优势，是特定于这些宗教形式激增的时间、地点和环境，即缺乏现在政治与法律制度的人类小团体。在这种没有正式机构的环境中，如果一种创新（如宗教形式）提供了促进亲社会行为的额外手段，那么拥有这种促进合作的宗教群体的参与者就具有演化优势。从而我们可以预期，那些可以加强合作的宗教形式会成为在演化压力下幸存下来的宗教形式之一，那些不提供促进合作益处的宗教形式则不太可能随着时间的推移而存在。

从互动的角度来说，当行动者与具有相同宗教信仰的伙伴互动时，行动者更有信心认为对方会成为值得信赖的合作伙伴，因此，宗教可以作为对方的类型和可信任程度的可靠信号，并进一步提升相互合作的可能性，从而提高演化适应性。另外，宗教还提供一个叙事框架，用于在群体内积极教授亲社会规范，促进团体成员在什么是群体互动的恰当行为上达成共识，这样就会提升相互合作的概率。最终，参与者组成遵循相同的合作规范并实现高度合作的团体，并在团体内传播合作行为。

（二）有关质疑

麦克布莱德亦指出，上述宗教提供演化优势的论点也面临一些批评。[①]一种批评是，早期的宗教形式并不总是与道德密切相关，在这种情况下，某些宗教形式可能没有提供任何演化优势。另一种批评是，演化的压力在不同时间和不同地点是剧烈变动的：在某种环境中，非宗教的社会规范足以取得演化成功；但在其他环境中，提高合作的宗教具有演化优势。这些批评意味着，宗教与道德之间的联系在不同的狩猎采集

---

① Mcbride, M., 2023, *An Economic Approach to Religion*, pp. 301–302.

群体中会有所不同。

麦克布莱德指出，辩论双方都不太可能找出确凿的证据。在演化环境中，有许多潜在的力量可以使合作形式获得成功。尽管我们无法确定在遥远的人类历史中促成合作的确切因素，但我们仍然可以确定人类早期生活中可能存在的促成社会合作的广泛因素。

二、形而上的问题

宗教的一个显著特点是，它涉及观念、道德、伦理、符号、语言等意识形态或形而上领域，若更宽泛些的话，它还涉及习俗、惯例、制度等领域。以上这些领域，都已经成为现代经济学的重要研究命题。这些命题覆盖面极广，它们与宗教的关系或远或近，在研究中大都使用了复杂数学模型。

比如，新制度经济学利用“交易费用”概念把制度纳入经济模型的分析（比如林毅夫，诺思[①]）。新制度经济学的一个基本思路是，制度可以是内生的，制度对经济增长有着重大影响，在此基础上可以进一步

① Lin, J. Y., 1989, “An Economic Theory of Institutional Change: Induced and Imposed Change”, *The Cato Journal*, 9(1): 1–33; North, Douglass C., 2005, *Understanding the Process of Economic Change*, Princeton and London: Princeton University Press.

研究制度的基本功能和影响制度变迁的因素，以及国家行为和意识形态对制度变迁的作用。以诺思为例，他的制度理论把人类行为的理论与交易费用的理论结合在一起，以此解释：各种制度何以会存在，以及它们在社会运行中发挥了何种作用。他提出："制度是一个社会的博弈规则，或者更规范地说，它们是一些人为设计的、形塑人们互动关系的约束。从而，制度构造了人们在政治、社会或经济领域里交换的激励。制度变迁决定了人类历史中的社会演化方式，因而是理解历史变迁的关键。"进而，"（要素和产品）相对价格的根本性变化是制度变迁的重要来源"。[①]诺思还强调，人类社会变迁存在路径依赖（path-dependence）和锁入效应（lock-in）。诺思后期的研究则越来越重视对社会变迁的内生性力量的研究，提出了权利开放秩序的逻辑，认为政治、经济和暴力之间的独立对于权利的开放和稳定具有重要作用。[②]

① North, Douglass C., 1990, *Institutions, Institutional Change and Economic Performance*, Cambridge: Cambridge University Press, pp. 1–84.

② North, Douglass C., 1990, *Institutions, Institutional Change and Economic Performance*; North, Douglass C., 2005, *Understanding the Process of Economic Change*; North, Douglass C., John Joseph Wallis and Barry R. Weingast, 2009, *Violence and Social Orders:A Conceptual Framework for Interpreting Recorded Human History*, Cambridge: Cambridge University Press.

随着研究的深入，新制度经济学已经不满足于此，业已对意识形态或信念、认知、人类心智结构（mental constructs）和意向性（intentionality）的作用保持强烈的关注。但是，在总体上，新制度经济学仍只是把这些概念当作外生变量，尚没有对其展开内生性研究。

另外，博弈论和演化博弈论已经应用于对习惯、习俗、惯例、制度乃至观念、道德、伦理、语言等的产生与演化的内生性研究。比如，肖特论证说，“所有均衡的社会制度在模型中都是以内生的方式求解而来的，是分析的产出品，而不是投入品”；一个正式的制度创生的模型可被描述为“一个马尔可夫式的扩散过程（a Markovian diffusion process），其状态空间是所有可能的规范空间，其均衡是这个过程的收敛状态”，也即，“制度创生过程描述为一个随机和偶然的过程来完成的，其中，均衡的社会制度是这个过程的收敛状态”。[①] 鲁宾斯坦则论证说，人类语言也是通过博弈而自然形成的。[②]宾默尔进一步论证说，公平的观念、正义的观

---

① 〔美〕肖特：《社会制度的经济学理论》，陆铭、陈钊译，上海财经大学出版社2003年版，第75—79页。

② Rubinstein, A., 2000, *Economics and Language*, Cambridge: Cambridge University Press.

念、道德乃至博弈规则也都是博弈过程的结果。[①]

不难看出，尽管现代经济学还在发展之中，但是已将许多原来认为是“黑箱子”（如企业、制度、习俗）和“形而上”（如正义和公平观念、利他主义、伦理、道德）的问题内生解释为一个“科学”问题。可以说，经济学帝国主义不但已经占领了社会科学领域，而且已经触摸到人文科学领域的核心区域，其中包括对宗教伦理及其神学的内生性研究。

---

① Binmore, K., 1994, *Game Theory and the Social Contract, Vol. 1: Playing Fair*, Cambridge: MIT Press; Binmore, K., 1998, *Game Theory and the Social Contract, Vol. 2: Just Playing*, Cambridge: MIT Press; Binmore, K., 2005, *Natural Justice*, New York: Oxford University Press.

第三章 宗教经济学在中国

本章简要介绍宗教经济学在中国的一些情况，包括引介、应用争论和新探索。

第一节 宗教经济学引介到中国

一、作为宗教社会学引介到中国

宗教经济学引介到中国要归功于宗教社会学，且在很大程度上源于对世俗化理论范式之争的关注与讨论。

1991年，伯格的《神圣的帷幕》中文版问世，标志着世俗化理论正式进入中国。2004年年初，斯达克与芬克的《信仰的法则》中文版出版，国内学术界开始全面接触宗教市场论。这两部书的出版、世俗化的新旧范式之争，之所以引发国内宗教社会学界的广泛关注，其背景是国内人文社科领域实证研究的兴起和国际宗教社会学界对中国宗教研究的关注度的上升。

宗教市场论在中国名声大噪，还依赖于中外学者在此领域的广泛交流合作与推广。2004年夏天，第一届“中美欧宗教社会科学暑期研讨班”在中国人民大学举行，邀请了欧美宗教社会学者来讲座；2005年第二届研讨班邀请了宗教市场论的重要代表人物罗杰·芬克主讲宗教市场论；2006年第三届研讨班邀请了斯蒂芬·沃纳再次讲授宗教市场论。研讨班连续举办了七届。①

与此同时，宗教经济学的国外著作开始陆续被翻译引介到国内，比如，2005年翻译出版了斯达克的《基督教的兴起》；2006年出版了斯达克与芬克的《宗教的未来》；张清津持续翻译了一系列重要的宗教经济学综述论文，包括艾纳孔1998年的“宗教经济学导论”、斯达克2006年的“宗教经济学”和2016年的“宗教经济学新论”。

另外，国内学者亦开始全面介绍宗教经济学。比如，孙尚扬介绍世俗化理论之争；阮荣平、郑风田与

① 陈彬：《宗教也有市场？——罗德尼·斯达克的宗教市场理论述评》，《大庆师范学院学报》2009年第5期；李华伟：《宗教社会学在中国大陆的发展历程》，《中国社会科学院世界宗教所五十年发展历程：1964—2014》，中国社会科学出版社2014年版，第795页。

刘力比较系统地介绍了宗教经济学的若干重要模型，陈彬、魏德东、张清津、张志鹏、刘正峰、宋圭武、夏巍巍与金祥荣等则分别介绍了宗教经济学的分析进路，尤其是宗教市场论；李向平等著作《当代美国宗教社会学理论研究》，第六章论述彼得·伯格的宗教社会学，第七章论述以艾纳孔为代表的理性选择理论，第八章论述斯达克的宗教市场论。另外，一些硕士和博士论文也聚焦于宗教经济学，比如杨欢、魏峰、曹颖、吴璟逸等。①

总体来看，宗教经济学引介到中国与宗教社会学

---

① 孙尚扬:《世俗化与去世俗化的对立与并存》,《哲学研究》2008年第7期；孙尚扬:《宗教社会学》(第四版)，第158—184页；阮荣平、郑风田、刘力:《宗教信仰选择：一个西方宗教经济学的文献梳理》,《社会》2013年第4期；陈彬:《宗教也有市场？——罗德尼·斯达克的宗教市场理论述评》；魏德东:《宗教社会学德范式转换及其影响》；张清津:《宗教信仰的经济学分析》,《世界宗教文化》2010年第2期；张清津:《灵性资本与中国宗教市场中的改教》,《文史哲》2012年第3期；张志鹏:《哈耶克的宗教演化论及其对中国转型启示》,《山东财政学院学报》2011年第6期；刘正峰:《论亚当·斯密的宗教市场理论——兼论宗教管制的经济基础》,《世界宗教研究》2012年第5期；宋圭武:《宗教的经济学阐释》,《山东财政学院学报》2012年第4期；夏巍巍、金祥荣:《实验经济学视角下的宗教研究：信仰与行为》,《南方经济》2017年第9期；李向平等:《当代美国宗教社会学理论研究》；杨欢:《理性选择理论：经验与思考》，复旦大学硕士学位论文，2014年；魏峰:《理性选择理论与宗教学研究》，山东大学硕士学位论文，2017年；曹颖:《从世俗化到宗教市场》，黑龙江大学博士学位论文，2017年；吴璟逸:《罗德尼·斯达克的宗教学思想研究》，山东大学硕士学位论文，2019年。

有着密切关联，但造成的一个后果是，中国宗教社会学界过于重视供给端的宗教市场论，而相对忽略了需求端的宗教经济学[①]，以及忽略了供给–需求统一分析的宗教经济学，进而还忽略了现代经济学在宗教研究的应用与进展。

二、作为经济学引介到中国

宗教经济学作为经济学引介到中国时，是当作经济学前沿内容的一部分而被引介的，因此它具有两个特点：一是，在引介时没有聚焦于宗教研究；二是，所涉及的宗教经济学部分，鲜有采用新古典经济学研究进路，大都是基于现代经济学方法。这两个特点，源于西方现代经济学的特点，即现代经济学大都是以问题研究为导向，研究范围覆盖了人类的行为与观念中的各类问题，而宗教问题只是其中一项且尚非显著的研究内容。

如此一来，国内经济学界鲜有关注到基于新古典经济学的宗教经济学，而国内宗教社会学界也鲜有关注到基于现代经济学的宗教经济学。可以说，国内宗

---

① 张志刚：《当代中国宗教关系研究刍议：基于国内外研讨现状的理论与政策探讨》，《北京大学学报（哲学社会科学版）》2011年第2期。

教社会学界和经济学界各自引介了宗教经济学的一部分内容，但两者很少有交集。

由于宗教经济学是被当成现代经济学的一部分而引介到中国，我们很难对其进行梳理。只能说，自20世纪90年代以来，现代经济学内容不断被引介到中国，比如博弈论、交易费用理论、新制度经济学、演化博弈论等，其中也部分包含了对宗教（以及文化和形而上）研究的内容。兹举几例，可管窥一斑。

其一，新制度经济学著作的翻译出版。比如，诺思等人的《制度、制度变迁与经济绩效》《理解经济变迁的过程》《暴力与社会秩序》等等。[①]

其二，有关博弈论、合作的著作的翻译出版。比如，阿克塞尔罗德的《合作的进化》《合作的复杂性》等等。

其三，有关演化博弈论的著作的翻译出版。比如，肖特的《社会制度的经济学理论》、鲁宾斯坦的《经济学与语言》、威布尔的《演化博弈论》、史密斯的《演

---

① 〔美〕诺思：《制度、制度变迁与经济绩效》，杭行译，格致出版社、上海人民出版社2008年版；〔美〕诺思：《理解经济变迁的过程》，钟正生等译，中国人民大学出版社2012年版；〔美〕诺思、〔美〕瓦利斯、〔美〕温格斯特：《暴力与社会秩序：诠释有文字记载的人类历史中的一个概念性框架》，杭行、王亮译，格致出版社、上海人民出版社2013年版。

化与博弈论》、史盖姆斯的《社会契约演化论》、宾默尔的《博弈论与社会契约：公平博弈》《自然正义》《博弈论与社会契约：公正博弈》、诺瓦克与海菲尔德的《超级合作者》等等。

其四，桑塔费学派的一些著作的翻译出版。比如，论文集《走向统一的社会科学：来自桑塔费学派的看法》《人类的趋社会性及其研究：一个超越经济学的经济分析》《道德情操与物质利益：经济生活中合作的基础》，鲍尔斯与金迪斯的《合作的物种：人类的互惠性及其演化》等。

第二节　宗教经济学在中国的应用、争论与探索

一、宗教经济学在中国的应用

（一）基于新古典经济学的宗教经济学在中国的应用

宗教市场论对中国宗教学界从人文学、神学的进路到社会科学的进路的转向，是一种极大的推动。[①]由此，基于宗教市场论或理性选择理论来研究中国宗教，

---

① 李华伟：《宗教社会学在中国大陆的发展历程》，第795页。

和采用宗教经济学方法从事田野调查和经验数据分析，日渐成为中国宗教研究的重要潮流。兹举几例。

其一，杨凤岗认为宗教市场论过于强调供给和需求的关系，而忽视了宗教管制和宗教市场之间的关系，他结合中国宗教无制度化的特点，提出了“中国宗教的三色理论”。①

其二，卢云峰在中国台湾的田野调查的基础上，借助宗教市场理论的核心概念和命题，分析了一贯道在中国台湾的发展过程。该研究旨在“分析一贯道各分支之间，和一贯道与其他对立团体之间的竞争；分析……管制对于一贯道演变的影响。作为理论性引导性的研究……还尝试将宗教经济模型扩张到中国社会里面来”。该研究指出，中国台湾对于一贯道的市场管制，事实上减少了只想得好处而不想做贡献的“搭便车”的人，宗教领袖和虔诚信徒在经济和政治方面的牺牲可以强化其他信徒对于一贯道的信心，这反而导致处于地下的一贯道的迅速发展。在宗教市场放松管制后，为增加竞争力，一贯道在组织和发展会员方面实施了一系列转变，使得一贯道更加像教会，而不是

① Yang, Fenggang, 2006, “The Red, Black, and Gray Markets of Religion in China”, *Sociological Quarterly*, 47: 93–122；杨凤岗：《中国宗教的三色市场》，《中国人民大学学报》2006年第6期。

教派。[①]

其三，利用中国宗教与社会的经验数据，对宗教经济学模型进行实证检验或扩展。比如，文永辉通过对贵州省乡村社区的天主教的田野调查，显示出潜在的信徒在尽量多地保留原有宗教资本的情况下，更易接受天主教这一新的宗教产品。[②]郑风田等人研究了社会保障功能和农村信教行为的关系，结果表明，风险是宗教选择和宗教参与的一个重要决定因素，“新农合”的开展能够有效地降低农村宗教信仰的增长速度。[③]阮荣平与郑风田等基于河南农村调查数据，对宗教俱乐部模型进行了简单的扩展，对中国宗教与传统文化、世俗文化之间关系进行了研究，结果表明，有宗教信仰者对传统文化和世俗文化活动的参与明显少于无宗教信仰者，而且一项文化活动的世俗性越强，宗教的替代效应就越显著。[④]李华伟考察了在社会转型

---

① Lu, Yunfeng, 2008, *The Transformation of Yiguan Dao in Taiwan: Adapting to a Changing Religious Economy*, Lanham: Lexington Books, p.16.

② 文永辉：《从宗教市场论视角看天主教的“处境化”：以贵州瓮安县草塘镇为中心的人类学调查》，《西南民族大学学报（人文社科版）》2007年第5期。

③ 郑风田、阮荣平、刘力：《风险、社会保障与农村宗教信仰》，《经济学（季刊）》2010年第3期。

④ 阮荣平、郑风田：《中国农村“文明的冲突”》，《经济学（季刊）》2011年第3期。

期的充满不确定性和社会风险的状况下，苦难成为河南乡村民众人生的危机和生命转折，成为他们反思自我、发现宗教之功能与意义的契机。由于佛道衰微及基督徒传教的强主动性，处于社会底层的乡村民众接触基督教进而改信基督教的可能性较大。但面对苦难，乡村基督教所能提供的只是赋予苦难以意义，并互相帮助以减轻个体所遭受的苦难，面对造成苦难的原因，基督教所能解决的是极其微小的部分。①

其四，胡安宁的《宗教社会学：范式转型与中国经验》，其第一部分通过系统分析和归纳当代宗教社会学有关范式转型问题的探讨，指出理性选择范式对于之前的结构/制度范式和诠释学范式具有一种整合性，但是也难以成为一种全能型的统一范式从而取代旧范式。其第二部分则转向具体的经验研究，针对不同的研究主题，作者利用经验数据展示了如何通过量化的经验分析来研究当代中国社会的宗教现象。②

（二）基于现代经济学的宗教经济学在中国的应用

以现代经济学方法来研究宗教，在国内宗教社会

① 李华伟：《苦难与改教：河南三地乡村民众改信基督教的社会根源探析》，《中国农业大学学报（社会科学版）》2012年第3期。

② 胡安宁：《宗教社会学：范式转型与中国经验》，社会科学文献出版社2013年版。

学界还比较鲜见。吴重庆与陈韵如把博弈论视角引入对民间信仰的研究，分析民间信仰与世俗国家、制度性宗教之间的博弈均衡，从而揭示民间信仰复兴与其他力量之间的互动关系。[①]彭睿借助现代经济学发展出社会合作与社会合作伦理及其均衡的分析框架，探讨了中国宗教的儒、释、道和民间宗教的“多元一体”宗教格局形成和发展的内在机制，以及中国经济伦理的演化逻辑。[②]

在国内经济学界，现代经济学及其应用是显学，其中包括一些与宗教有关的研究。韦森借助现代经济学讨论社会秩序和伦理道德。[③]方钦借助现代经济学，认为宗教信仰作为一种强有力的观念力量成为经济制度型构、转变和演化过程中的意识形态基础，宗教信仰与经济制度是有效契合的。[④]夏巍巍选取了中国比

---

① 吴重庆、陈韵如：《一种可能的新视角：从博弈论看民间信仰与世俗国家、制度性宗教的互动》，《山东社会科学》2016年第9期。

② 彭睿：《现代经济学在宗教社会学中应用之刍议》，《宗教社会学（第四辑）》，社会科学文献出版社2016年版；彭睿：《“封神演义”与社会合作：以关帝和妈祖敕封为中心的中国宗教社会学研究》，北京大学博士学位论文，2017年。

③ 韦森：《社会制序的经济分析导论》，上海三联书店2001年版；韦森：《经济学与伦理学：探寻市场经济的伦理维度与道德基础》，上海人民出版社2002年版。

④ 方钦：《经济结构的信仰基础：一个基于历史视角的综述》，《东岳论丛》2007年第3期；方钦：《经济制度的信仰基础》。

较主流的宗教信仰者——佛教徒、基督教徒和穆斯林，通过实验经济学方法研究了不同宗教信仰在利他、公平、信任、合作等亲社会行为上的影响与差异。①

二、宗教经济学在中国的争论与探索

宗教经济学在中国的争议，主要集中在新古典经济学的宗教经济学。这些质疑包括了第一章所列的那些质疑，但更集中于宗教市场论或理性选择的方法论的质疑，以及它们是否适用于解释中国宗教。兹举几例说明。

汲喆认为，宗教经济学无疑值得中国学者学习和应用，但是宗教市场论存在个人主义方法论、把宗教中的社会关系化约为供求关系以及西方（美国）中心主义等问题。“宗教经济模式对于社会科学取向的中国宗教研究起到了某种解放和建构的作用，不过，这种解放和建构本身也充满权力的意涵。特别是，如果未能注意到这种理论的有限性，把一些美国社会学家在国际学术场域中对欧洲传统理论强势的反应当作西方宗教社会学的有效共识，那么，这种理论接受甚至还有可能对中国宗教研究的整体建设产生某种遮蔽

① 夏巍巍：《宗教信仰与亲社会行为》，浙江大学博士学位论文，2017年。

的效果。”[①]

卢云峰认为，“二战”以来，由于研究对象过分集中于西方社会中的宗教，宗教社会学在很大程度上沦为基督教社会学。作为宗教社会学的新范式，宗教市场理论对西方社会的排他性宗教进行了充分的分析，但是它忽略了对东亚社会中非排他性宗教的分析。因此，把该理论运用到华人社会时有必要对其适用性进行反思。这种反思有助于纠正宗教社会学的基督教中心主义，也对未来的中国宗教研究有所助益。[②]

范丽珠认为，尽管理性选择理论非常强势，号称有相当普遍的解释力，但是以理性选择理论来解释现代社会宗教，其有效性是存疑的；以“供方”与“求方”来理解宗教是错误的逻辑，在工具理性和价值理性两个重要概念中有相互混淆和偷换之嫌；仅以宗教市场理论来研究中国宗教是有问题的。[③]

张志刚指出，国内外学者的争论主要集中于这样几点：首先，这种新理论范式是否具有普遍适用性呢？

---

① 汲喆：《如何超越经典世俗化理论？——评宗教社会学的三种后世俗化论述》，《社会学研究》2008年第4期。

② 卢云峰：《超越基督宗教社会学：兼论宗教市场理论在华人社会的适用性问题》，《社会学研究》2008年第5期。

③ 范丽珠：《现代宗教是理性选择的吗？——质疑宗教的理性选择范式》，《社会》2008年第6期。

其次，宗教市场论所依据的数据资料主要来自“以基督教为典型的”制度化宗教组织及其活动，它是否忽视了非制度化的宗教形态及其演变呢？进而言之，宗教市场论是否意味着晚近的欧美宗教社会学具有基督教中心主义倾向，或已在很大程度上沦为“基督教的宗教社会学”呢？再次，作为一种宗教经济理论模型，宗教市场论把供应方视为宗教变化的主要动力，这种解释倾向是否轻视了宗教市场的其他两个制约因素，即信众的需求变化和政府的宗教管理呢？最后，宗教市场论是否过于直接地将经济学原理特别是市场规律套用于宗教现象研究，以致漠视了宗教传统的神圣本性，把原因复杂的宗教信仰归结为“商业化的理性选择”，有多少宗教界人士能够认可这样一种简单化甚至庸俗化的理论倾向呢？①

李峰认为，宗教社会学按研究思路可分为两类：一是作为自变量的宗教研究，这与西方宗教社会学的经典研究范式一致，但这种取向存在着脱离中国社会现实、就宗教谈宗教的理论风险。二是作为因变量的宗教研究，该取向虽充分考虑了社会对宗教的影响，

---

① 张志刚：《当代中国宗教关系研究刍议：基于国内外研讨现状的理论与政策探讨》。

并先后发展出宗教市场论、宗教生态论和权力场域论三种理论范式，但它们背后不同的社会结构假设都不能准确反映我国当前的社会现实。基于此，应该在这三种宗教理论范式的基础上发展出一种“通过社会来分析宗教，通过宗教来透视社会”的分析思路。[①]

徐天基认为，宗教经济学在实质上带有强烈的经济主义倾向，从而在一定程度上限制了它对宗教象征秩序和意义的阐释。由于市场及经济交换的逻辑并非宗教生活中的唯一主导，仅以宗教市场理论研究宗教（尤其是中国宗教）带有一定的危险性，事实上亦无必要在经济学的范畴内格义宗教。[②]

范笔德与柏宇洲认为，“理性选择”概念的各种宗教市场论并不能帮助我们理解在社会生活中金钱和市场具有的超验价值。这些理论过于狭隘地建立在对“理性”的某种阐释之上，忽略了在金融交易、消费模式以及宗教生活之中“魅”（enchantment）的重要性。[③]

吴越与卢云峰指出，“隐喻论”在研究中国宗教的

---

① 李峰：《回到社会：对当前宗教社会学研究范式之反思》，《江海学刊》2013年第5期。

② 徐天基：《迷途还是正路？反思经济主义走向宗教学研究》，《世界宗教研究》2017年第6期。

③ 范笔德、柏宇洲：《市场与金钱：对理性选择理论的批评》，《宗教社会学（第五辑）》，社会科学文献出版社2017年版。

海内外学者中支持者甚众[1]，但这其实可能是一种误解，它忽略了宗教理性选择理论的理论建模方法。理论建模至少有三个优势：简明性、整合性和可积累性。[2]

彭睿认为，新古典经济学的分析框架很难真正解释宗教，尤其是中国复杂的多元一体宗教格局。他提出，应当立足中国宗教资源，重视现代经济方法，构建新的解释模型。为此，他还构建出“社会合作”与“社会合作伦理”的分析工具。[3]在社会合作（伦理）视角下，人类活动包含了人与自然合作、代际合作、纵向合作、横向合作和个体合作五种合作的“社会合作体系”，人类社会是一个包含了历时性合作和共时性合作的“社会合作共同体”，共同体需要同时也可以形成“社会合作的整体均衡”。而宗教伦理（体系）则为上述社会合作提供伦理支持和解释的社会合作论证体系，这同时也需要构建出一种“社会合作伦理的整体均衡”，即对各种社会合作论证给予一致性和整合性的解释。

---

① 渠敬东、卢云峰、梁永佳:《有关“宗教市场理论”的一次圆桌讨论》,《中国研究》2014年第19期。

② 吴越、卢云峰:《宗教理性选择理论：经济隐喻还是理论建模？》,《开放时代》2022年第1期。

③ 彭睿:《现代经济学在宗教社会学中应用之刍议》。

结　语

宗教经济学作为采用经济学方法来研究宗教的一个新兴学科，它的涉及面非常广，且在不断发展之中，本书只是一种非常粗浅的梳理。在这里，我们略微再总结几句。

第一，宗教经济学的研究范式可简单分为新古典经济学方法和现代经济学方法。目前，我国宗教社会学界对前者讨论比较多，但对后者鲜有重视；而经济学界对后者关注比较多，但是鲜有将它直接定位于宗教的研究。

第二，宗教的历史与现实资源乃是宗教经济学理论发展与创新的基础。宗教经济学的方法和理论（模型）一直在不断推进，其趋势是它们越来越符合宗教的历史与现实的情景，即朝向理论、历史与实践的统一。

第三，相对于新古典经济学，采用现代经济学方法来研究中国宗教更有前景。一方面，宗教与社会是全方位嵌入的，仅仅凭借新古典的供需框架，很难对宗教给予一种整合性的解释。另一方面，现代经济学不但解决了个体理性与集体理性的统一问题，而且它的解释更贴近现实社会。尤其，现代经济学的研究是以问题为导向，因此如果我们以现代经济学来解释中国宗教，不但在工具方法上与西方学者处于同一起跑线，还具有理解中国宗教的天然优势。

第四，现代的人文社会科学日益朝向跨学科发展，尤其对于宗教这一复杂领域，跨学科协同研究的重要性更是不言而喻。采用现代经济学来研究宗教，需要关联宗教学、经济学、社会学、数学、计算机、生物学等诸多学科，因此把不同领域的学者联合起来共同推进宗教研究，是非常现实和迫切的要求。

第五，学术是在争论和质疑中不断发展和积累的。宗教自身存在很多面向，宗教具有多样性，也在一直发展和演化中，因此宗教经济学者在解释某一宗教的一个面向或一个阶段时，都可以提出自己的假设条件，发展出不同的解释模型。纵观宗教经济学的发展，它一直在构建各种模型来解释历史或日常的宗教现象，当某个模型解释不了新的现象或者对其提出质疑时，人们可以通过修正其前提假设、更改某些变量或参数，提出新的模型。粗粗一看，各种模型无非是用复杂的数学模型来阐释一个局部的或特定的直观宗教现象，它们不但有故弄玄虚之虞，还缺乏统一性和整体性。然而，正是这类简明的模型化的研究，具有可识别的积累性，因此人们不但可以将问题不断切分而进行深入讨论，还可以避免重复讨论一些似是而非的问题。不难预料，当这些可识别的积累达到一定程度时，自然就会出现具有整合性的解释。

参考文献

中文文献

董志强:《行为和演化范式经济学：来自桑塔费学派的经济思想》，格致出版社2020年版。

范笔德、柏宇洲:《市场与金钱：对理性选择理论的批评》，《宗教社会学（第五辑）》，社会科学文献出版社2017年版。

方钦:《经济结构的信仰基础：一个基于历史视角的综述》，《东岳论丛》2007年第3期。

胡安宁:《宗教社会学：范式转型与中国经验》，社会科学文献出版社2013年版。

汲喆:《如何超越经典世俗化理论？——评宗教社会学的三种后世俗化论述》，《社会学研究》2008年第4期。

李峰:《回到社会：对当前宗教社会学研究范式之反思》，《江海学刊》2013年第5期。

李华伟:《宗教社会学在中国大陆的发展历程》，《中国社会科学院世界宗教所五十年发展历程：1964—2014》，中国社会科学出版社2014年版。

李向平等:《当代美国宗教社会学理论研究》，中西书局2015年版。

刘正峰:《论亚当·斯密的宗教市场理论——兼论宗教管制的经

济基础》,《世界宗教研究》2012年第5期。
卢云峰:《超越基督宗教社会学：兼论宗教市场理论在华人社会的适用性问题》,《社会学研究》2008年第5期。
彭睿:《现代经济学在宗教社会学中应用之刍议》,《宗教社会学（第四辑）》，社会科学文献出版社2016年版。
宋圭武:《宗教的经济学阐释》,《山东财政学院学报》2012年第4期。
孙尚扬:《世俗化与去世俗化的对立与并存》,《哲学研究》2008年第7期。
孙尚扬:《宗教社会学》(第四版），北京大学出版社2015年版。
韦森:《社会制序的经济分析导论》，上海三联书店2001年版。
韦森:《经济学与伦理学：探寻市场经济的伦理维度与道德基础》，上海人民出版社2002年版。
魏德东:《宗教社会学德范式转换及其影响》,《中国人民大学学报》2010年第3期。
吴越、卢云峰:《宗教理性选择理论：经济隐喻还是理论建模?》,《开放时代》2022年第1期。
吴重庆、陈韵如:《一种可能的新视角：从博弈论看民间信仰与世俗国家、制度性宗教的互动》,《山东社会科学》2016年第9期。
夏巍巍、金祥荣:《实验经济学视角下的宗教研究：信仰与行为》,《南方经济》2017年第9期。
徐天基:《迷途还是正路？反思经济主义走向宗教学研究》,《世界宗教研究》2017年第6期。
杨凤岗:《中国宗教的三色市场》,《中国人民大学学报》2006年第6期。
杨小凯:《经济学：新兴古典与新古典框架》，社会科学文献出版社2003年版。

张清津:《灵性资本与中国宗教市场中的改教》,《文史哲》2012年第3期。

张清津:《宗教信仰的经济学分析》,《世界宗教文化》2010年第2期。

张维迎:《经济学原理》,西北大学出版社2015年版。

张志刚:《当代中国宗教关系研究刍议:基于国内外研讨现状的理论与政策探讨》,《北京大学学报(哲学社会科学版)》2011年第2期。

郑风田、阮荣平、刘力:《风险、社会保障与农村宗教信仰》,《经济学(季刊)》2010年第3期。

〔美〕阿克塞尔罗德:《合作的复杂性:基于参与者竞争与合作模型》,梁捷等译,上海人民出版社2007年版。

〔美〕阿克塞尔罗德:《合作的进化》(修订版),吴坚忠译,上海人民出版社2007年版。

〔美〕贝格尔:《神圣的帷幕:宗教社会学理论之要素》,高师宁译,上海人民出版社1991年版。

〔英〕宾默尔:《博弈论与社会契约:公平博弈》(第1卷),李晋译,上海财经大学出版社2003年版。

〔英〕宾默尔:《博弈论与社会契约:公正博弈》(第2卷),潘春阳等译,上海财经大学出版社2016年版。

〔英〕宾默尔:《自然正义》,李晋译,上海财经大学出版社2010年版。

〔美〕鲍尔斯、〔美〕金迪斯:《合作的物种:人类的互惠性及其演化》,张弘译,浙江大学出版社2015年版。

〔美〕金蒂斯等主编:《道德情操与物质利益:经济生活中合作的基础》,李风华译,中国人民大学出版社2015年版。

〔美〕金迪斯等:《人类的趋社会性及其研究：一个超越经济学的经济分析》，浙江大学跨学科社会科学研究中心译，上海人民出版社2006年版。

〔美〕伊纳库恩:《宗教经济学导论》,《制度经济学研究（第2辑）》，经济科学出版社2006年版。

〔英〕Iyer, Sriya:《宗教经济学新论》，张清津译,《经济动态与评论》2017年第1期。

〔美〕诺思、〔美〕瓦利斯、〔美〕温格斯特:《暴力与社会秩序：诠释有文字记载的人类历史中的一个概念性框架》，杭行、王亮译，格致出版社、上海人民出版社2013年版。

〔美〕诺思:《理解经济变迁的过程》，钟正生等译，中国人民大学出版社2012年版。

〔美〕诺思:《制度、制度变迁与经济绩效》，杭行译，格致出版社、上海人民出版社2008年版。

〔美〕奥尔森:《集体行动的逻辑》，陈郁等译，格致出版社、上海人民出版社1995年版。

〔美〕肖特:《社会制度的经济学理论》，陆铭、陈钊译，上海财经大学出版社2003年版。

〔美〕西蒙:《现代决策理论的基石：有限理性说》，杨砾、徐立译，北京经济学院出版社1989年版。

〔英〕史密斯:《演化与博弈论》，潘春阳译，复旦大学出版社2008年版。

〔英〕斯密:《国民财富的性质与原因的研究》，郭大力、王亚南译，商务印书馆2011年版。

〔美〕斯达克、〔美〕芬克:《信仰的法则：解释宗教之人的方面》，杨凤岗译，中国人民大学出版社2004年版。

〔美〕斯达克:《宗教经济学》，张清津译，《山东财政学院学报》2011年第6期。

〔美〕斯塔克:《基督教的兴起：一个社会学家对历史的再思》，黄剑波、高民贵译，上海古籍出版社2005年版。

〔美〕斯达克、〔美〕本布里奇:《宗教的未来》，高师宁等译，中国人民大学出版社2006年版。

〔美〕沃讷:《宗教社会学范式及理论的新进展》，《中国人民大学学报》2006年第6期。

外文文献

Azzi, Corry and Ronald G. Ehrenberg. "Household Allocation of Time and Church Attendance", *The Journal of Political Economy,* 1975, 83(1): 27－56.

Bankston III, Carl L.. "Rationality, Choice, and the Religious Economy: The Problem of Belief", *Review of Religious Research,* 2002, 43: 311－325.

Bankston III, Carl L.. "Rationality, Choice, and the Religious Economy: Individual and Collective Rationality in Supply and Demand", *Review of Religious Research*, 2003, 45: 155－171.

Barros, Pedro P. and Nuno Garoupa. "An Economic Theory of Church Strictness", *Economic Journal,* 2002,112: 559－576.

Becker, Gary S.. *The Economic Approach to Human Behavior.* Chicago and London: The University of Chicago Press,1976.

Becker, Gary S., Elizabeth M. Landes and Robert T. Michael. "An

Economic Analysis of Marital Instability", *Journal of Political Economy*, 1977, 85(6): 1141 – 1187.

Beckford, James A. and N. J. Demerath III(ed.).*The SAGE Handbook of the Sociology of Religion*. London: SAGE Publications Ltd., 2007.

Bering, J. M.. "The Evolution History of an Illusion: Religious Casual Beliefs in Children and Adults." In *Origins of the Social Mind: Evolutionary Psychology and Child Development*, ed. B. Ellis and D. Bjorklund. New York and London: Guilford Press, 2005.

Boyd, R., H. Gintis, *et al*.. "The Evolution of Altruistic Punishment", *Proceedings of the National Academy of Science of the United States of America,* 2003, 100(6): 3531 – 3535.

Bruce, Steve. "Religion and Rational Choice: A Critique of Economic Explanations of Religious Behavior", *Sociology of Religion*, 1993, 54(2):193 – 205.

Bruce, Steve. "The Pervasive World-View: Religion in Pre-Modern Britain", *British Journal of Sociology*, 1997, 48: 667 – 680.

Bruce, Steve. *Choice and Religion: A Critique of Rational Choice Theory*. New York: Oxford University Press, 1999.

Bulbulia, J.. "Religious Costs as Adaptations That Signal Altruistic Intention", *Evolution and Cognition*, 2004, 10: 19 – 38.

Burnham, Terence C. and Dominic D. P. Johnson. "The Biological and Evolutionary Logic of Human Cooperation", *Analyse & Kritik*, 2005, 27(1): 113 – 135.

Cassone, A. and C. Marchese. "The Economics of Religious Indulgences", *Journal of Institutional and Theoretical Economics*,

1999, 155: 429 – 442.

Chaves, M.. "On the Rational Choice Approach to Religion", *Journal for the Scientific Study of Religion*, 1995, 34: 98 – 104.

Chen, Daniel L.. "Essays in Development Economics", Doctoral Dissertation of MIT, 2004.

Chen, Daniel L.. "Club Goods and Group Identity: Evidence From Islamic Resurgence During the Indonesian Financial Crisis", *Journal of Political Economy*, 2010, 118(2): 300 – 354.

Davie, Grace. "The Evolution of the Sociology of Religion: Theme and Variations." In *Handbook of the Sociology of Religion,* ed. Michele Dillion. Cambridge: Cambridge University Press, 2003.

Ehrenberg, Ronald G.. "Household Allocation of Time and Religiosity: Replication and Extension", *The Journal of Political Economy*, 1977, 85(2): 415 – 423.

Ekelund, Robert B., Robert F. Hébert and Robert D. Tollison, *et al.*. *Sacred Trust: The Medieval Church as an Economic Firm.* New York: Oxford University Press, 1996.

Elster, Jon. "Social Norms and Economic Theory", *Journal of Economic Perspectives*,1989, 3(4): 99 – 117.

Finke, Roger and Rodney Stark. *The Churching of America, 1776 – 1990: Winners and Losers in Our Religious Economy.* New Brunswick: Rutgers University Press, 1992.

Finke, Roger and Rodney Stark. "The Dynamics of Religious Economies." In *Handbook of the Sociology of Religion,* ed. Michele Dillion. Cambridge: Cambridge University Press, 2003.

Gavrilets, Sergey and Peter J. Richerson. "Collective Action and the Evolution of Social Norm Internalization", *PNAS*, 2017, 114(23): 6068 – 6073.

Haselton, Martie G. and David M. Buss. "Error Management Theory: A New Perspective on Biases in Cross-Sex Mind Reading", *Journal of Personality and Social Psychology*, 2000, 78(1): 81 – 91.

Hauk, E. and H. Mueller. "Cultural Leaders and the Clash of Civilizations", *Journal of Conflict Resolution*, 2015, 59: 367 – 400.

Heiner, Ronald A.. "The Origin of Predictable Behavior: Further Modelling and Applications", *American Economic Review*, 1985, 75(2): 391 – 396.

Henrich, Joseph. "The Evolution of Costly Displays, Cooperation and Religion: Credibility Enhancing Displays and Their Implications for Cultural Evolution", *Evolution and Human Behavior*, 2009, 30: 244 – 260.

Iannaccone, Laurence R.. "A Formal Model of Church and Sect", *American Journal of Sociology*, 1988, 94: S248 – S268.

Iannaccone, Laurence R.. "Religious Practice: A Human Capital Approach", *Journal for the Scientific Study of Religion*, 1990, 29(3): 297 – 314.

Iannaccone, Laurence R.. "The Consequences of Religious Market Regulation: Adam Smith and the Economics of Religion", *Rationality and Society*, 1991, 3: 156 – 177.

Iannaccone, Laurence R.. "Sacrifice and Stigma: Reducing Free-Riding in Cults, Communes, and Other Collectives", *Journal of Political Economy*, 1992, 100(2): 271 – 291.

Iannaccone, Laurence R.. "Voodoo Economics? Reviewing the Rational Choice Approach to Religion", *Journal for the Scientific Study of Religion,* 1995a, 34(1): 76－89.

Iannaccone, Laurence R.. "Household Production, Human Capital and the Economics of Religion." In *The New Economics of Human Behavior,* ed. M. Tommasi and K. Ierulli. Cambridge: Cambridge University Press, 1995b.

Iannaccone, Laurence R.. "Introduction to the Economics of Religion", *Journal of Economics Literature,* 1998, 46: 1465－1496.

Irons,W.. "In Our Own Self-Image: The Evolution of Morality, Deception, and Religion", *Skeptic,* 1996, 4: 50－61.

Iyer, S.. "The New Economics of Religion", *Journal of Economic Literature,* 2016, 54(2): 395－441.

Johnson, D.. "God's Punishment and Public Goods: A Test of the Supernatural Punishment Hypothesis in 186 World Cultures", *Human Nature,* 2005, 16: 410－446.

Johnson, D. and Jesse M. Bering. "Hand of God, Mind of Man: Punishment and Cognition in the Evolution of Cooperation", *Evolutionary Psychology,* 2006, 4: 219－233.

Johnson, D. and Oliver Krüger. "The Good of Wrath: Supernatural Punishment and the Evolution of Cooperation", *Political Theology,* 2004, 5(2): 159－176.

McBride, Michael. *An Economic Approach to Religion.* Singapore: World Scientific Publishing Co., 2023.

Murdock, G. P.. "The Common Denominator of Cultures." In *The Science of Man in the World Crisis,* ed. Ralph Linton. New York:

Columbia University Press, 1945.

Neuman, Shoshana. "Religious Observance within a Human Capital Framework: Theory and Application", *Applied Economics*, 1986, 18(11): 1193 – 1202.

Niebuhr, H. Richard. *The Social Sources of Denominationalism*. New York: Holt, 1929.

Norenzayan, Ara and Azim F. Shariff. "The Origin and Evolution of Religious Prosociality", *Science*, 2008, 322: 58 – 62.

Nowak, M. A.. "Five Rules for the Evolution of Cooperation." In *Evolution, Games, and God: The Principle of Cooperation,* ed. Martin A. Nowak and Sarah Coakley. Cambridge and London: Harvard University Press, 2013.

Peng, Rui. "The Economic Ethic in Chinese Society: Differences from and Similarities to the Western Economic Ethic from the Perspective of Social Cooperation", *International Journal of Sino-Western Studies*, 2022, 22: 117 – 142.

Rubinstein, Ariel. *Economics and Language*. Cambridge: Cambridge University Press, 2000.

Scheve, Kenneth and David Stasavage. "Religion and Preferences for Social Insurance", *Quarterly Journal of Political Science,* 2006, 1: 255 – 286.

Schloss. J.. "Evolutionary Theories of Religion: Science Set Free or Naturalism Run Wild?" In *The Believing Primate: Scientific, Philosophical and Theological Perspectives on the Origin of Religion,* ed. J. Schloss and M. Murray. New York: Oxford University Press, 2009.

Skyrms, Brian. *Evolution of the Social Contract*. Cambridge: Cambridge University Press, 1996.

Sosis, R.. "Does Religion Promote Trust? The Role of Signaling, Reputation, and Punishment", *Interdisciplinary Journal of Research on Religion*, 2005, 1: 1–30.

Sosis, R.. "Religion Behavior, Badges, and Bans: Signaling Theory and the Evolution of Religion." In *Where God and Man Meet: How Brain and Evolutionary Studies Alter Our Understanding of Religion, Vol.1: Evolution, Genes, and the Religious Brain*, ed. P. McNamara. Westport: Greenwood Publishing Group, 2006.

Sosis, R. and C. Alcorta. "Signaling, Solidarity and the Sacred: The Evolution of Religion Behavior", *Evolutionary Anthropology*, 2003, 12: 264–274.

Sosis, Richard and Bradley Ruffle. "Religious Ritual and Cooperation: Testing for A Relationship on Israeli Religious Kibbutzim", *Current Anthropology*, 2003, 44(5): 713–722.

Spickard, James V.. "Rethinking Religious Social Action: What Is 'Rational' About Rational Choice Theory?", *Sociology of Religion*, 1998, 59: 99–115.

Stark, Rodney and William S. Bainbridge. "Of Churches, Sects, and Cults: Preliminary Concepts for a Theory of Religious Movements", *Journal for the Scientific Study of Religion*, 1979, 18 (2): 117–133.

Stark, Rodney and William S. Bainbridge. *A Theory of Religion*. New York: Peter Lang, 1987.

Steadman, L. and C. Palmer. *The Supernatural and Natural Selection:*

The Evolution of Religion. Boulder: Paradigm Publishers, 2008.

Swatos, William H. (ed.). *Encyclopedia of Religion and Society*. Lanham: AltaMira Press, 1998.

Waldrop, M. Mitchell. *Complexity: The Emerging Science and the Edge of Order and Chaos*. New York: Simon & Schuster, 1992.

Weibull, J. W.. *Evolutionary Game Theory*. Cambridge: MIT Press, 1995.

Wilson, Bryan R.. *Religion in Sociological Perspective*. New York: Oxford University Press, 1982.

Wilson, D.. *Darwin's Cathedral: Evolution, Religion, and the Nature of Society*. Chicago: University of Chicago Press, 2002.

图书在版编目（CIP）数据

宗教经济学 / 彭睿著. — 北京：商务印书馆，2024. — （宗教学关键词 / 金泽主编）. — ISBN 978 - 7 - 100 - 24190 - 8

Ⅰ. B920

中国国家版本馆 CIP 数据核字第2024KH4330号

宗教学关键词（第一辑）
宗教经济学
彭 睿 著

商 务 印 书 馆 出 版
（北京王府井大街36号 邮政编码 100710）
商 务 印 书 馆 发 行
山东临沂新华印刷物流
集团有限责任公司印刷
ISBN 978 - 7 - 100 - 24190 - 8

2024年8月第1版　　开本 889×1194 1/32
2024年8月第1次印刷　　印张 5½

定价：158.00元（全七册）